RESEARCH CENTRE FOR CHINESE
PHILOSOPHY AND CULTURE, CUHK

中国哲学与文化

THE JOURNAL OF CHINESE PHILOSOPHY AND CULTURE

第二十二辑

NO.22

中国哲学的实践关怀

Praxis in Chinese Philosophy

郑宗义　主编

Editor　Cheng Chung-yi

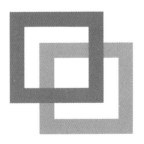

上海古籍出版社

Shanghai Chinese Classics Publishing House

中国哲学与文化
THE JOURNAL OF CHINESE PHILOSOPHY AND CULTURE

学术顾问 Academic Advisory Board（按中文姓氏笔画排列）
杜维明（Tu Wei-ming） 信广来（Shun Kwong-loi）

主编 Editor
郑宗义（Cheng Chung-yi）

副主编 Associate Editor
姚治华（Yao Zhihua） 郑泽绵（Zheng Zemian）

编辑委员会 Members of Editorial Committee（按中文姓氏笔画排列）
王德有（Wang Deyou） Chris Fraser（方克涛） Rudolf G. Wagner（瓦格纳）
冯耀明（Fung Yiu-ming） Philip J. Ivanhoe（艾文贺） Stephen C. Angle（安靖如）
朱鸿林（Chu Hung-lam） 庄锦章（Chong Kim-chong） 刘笑敢（Liu Xiaogan）
李明辉（Lee Ming-huei） 李晨阳（Li Chenyang） 杨儒宾（Yang Rur-bin）
陈　来（Chen Lai） 陈少明（Chen Shaoming） 林镇国（Lin Chen-kuo）
黄慧英（Wong Wai-ying） 颜世安（Yan Shi'an）

执行编辑 Executive Editor
曾诵诗（Esther Tsang）

编务 Editorial Assistant
余盈慧（Ada Yu）

通讯编辑 Corresponding Editors（按中文姓氏笔画排列）
陶乃韩（Tao Naihan） 梁　涛（Liang Tao）

主办
香港中文大学哲学系中国哲学与文化研究中心
Research Centre for Chinese Philosophy and Culture
Department of Philosophy, The Chinese University of Hong Kong

地址
香港新界沙田香港中文大学冯景禧楼G26B室
Room G26B, Fung King Hey Building
The Chinese University of Hong Kong, Shatin, N.T., Hong Kong
电话 Tel: 852-3943-8524
传真 Fax: 852-2603-7854
电邮 E-mail: rccpc@cuhk.edu.hk
网址 Website: http://phil.arts.cuhk.edu.hk/rccpc

—目录—

"宗旨"与"功夫论"之建构：
以王阳明"致良知"、刘蕺山"慎独"为中心[*]

林月惠[**]

内容提要：本文基于宋明理学"第一序功夫论"与当代中国哲学"第二序功夫论"之区分，由黄梨洲强调明代理学重视"宗旨"切入，得到启发，并以王阳明"致良知"、刘蕺山"慎独"之宗旨为例，分析理学家之"宗旨"如何建构、如何论证、如何评价。指出本体论、功夫论、经典诠释三合一是客观论述与评价理学家"宗旨"的理论判准，借此试图为当代中国哲学建构"第二序功夫论"提供理论资源。

关键词：宗旨，功夫论，本体论，经典诠释，本体功夫，体用一源

一、前　言

众所周知，以实践为优位的传统中国哲学，无论儒、释、道三教，都重视"功夫论"[①]，并关注实践主体以不同方式进行自我转化（self-transformation）与身心修炼。然而，降至 20 世纪初的中国哲学研究者，为回应西方哲学的挑战，传统的"体/用"或"本体论"/"功夫论"

---

* 本文之思路萌发于多年前拙文《刘蕺山"慎独"之学的建构——以〈中庸〉首章的诠释为中心》（《台湾哲学研究》第 4 期，2004 年 4 月，页 87—149），今再以更为清晰的问题意识与论证，参考学界研究成果重新思考论述之。又本文宣读于"中国哲学的实践关怀"工作坊（2023 年 3 月 24—25 日，香港中文大学哲学系中国哲学与文化研究中心主办），承蒙与会学者的指正，郑宗义教授、吴震教授惠赐宝贵意见；论文修订时，蔡家和教授惠赐资料，李明辉教授、何建兴教授、林维杰教授、张文朝教授等惠赐修改建议，谨申谢忱。

** "中研院"中国文哲研究所研究员。（电邮：linyh@gate.sinica.edu.tw）

① "工夫""功夫"在儒、释、道的文本中，并没有特别的区分，甚至可以互换。有关这两个词汇的语意演变，详参林永胜：《功夫试探——以初期佛教译经为线索》，《台大佛学研究》第 21 期（2011），页 1—34；《反工夫的工夫论——以禅宗与阳明学为中心》，《台大佛学研究》第 24 期（2012），页 123—154。本文一概以"功夫"统一之，只在原典文本与二手资料著录为"工夫"时用之，不另注明。

之思维范型（pattern）②隐没，而与传统中国哲学"本体论"相对译的"存有论"（ontology）乃成为中西哲学争辩的主战场。因此，不论面对西方哲学的冲击，或是作为现代学科化的哲学论述，传统中国哲学的"功夫论"研究，在现代的哲学知识体系中，没有受到应有的重视，甚至被边缘化，难登所谓"哲学"的学术殿堂。

不过，近年来，中文学界的中国哲学研究，"功夫论"议题逐渐受到学者们的青睐③。此固然有后现代处境下针对西方哲学重理性思辨而予以"补偏救弊"之考虑，但也有来自中国哲学的实践优先性、活化中国哲学的内在要求。亦即，不少学者试图以传统中国哲学的功夫论为理论资源，将"功夫论"予以"主题化"（thematize），进行哲学的反思与理论的建构，使"功夫论"成为当代中国哲学的重要论域，得以进行客观的论述与评价。"功夫论"是否可以成为当代中国哲学的特色，俨然成为当代中国哲学的另一新议题，值得关注。

实则，中国哲学作为实践的智慧学，"功夫论"居于核心地位，与"哲学作为生活方式"（philosophy as a way of life）④的哲学古义（爱智慧）相通。1958 年当代新儒家张君劢（1887—1969）、唐君毅（1909—1978）、徐复观（1904—1982）、牟宗三（1909—1995）发表《为中国文化敬告世界人士宣言：我们对中国学术研究及中国文化与世界文化前途之共同认识》时，即主张儒家的"心性之学"是中国学术思想之核心，此心性之学是通于人之内外生活与天人合一之枢纽所在，它通贯社会之伦理礼法、内心修养、宗教精神，及形上学等而一之⑤。笔者认为此宣言所强调的儒家"心性之学"，已经开启当代中国哲学重新探究儒家"功夫论"之先声。嗣后，牟宗三以"生命的学问""内容真理"

---

② 陈荣捷将"体用一源"视为宋明理学的思维范型，参氏著：《朱学论集》（台北：台湾学生书局，1988），页 78—86。

③ 大陆学界如倪培民：《儒家功夫哲学论》（北京：商务印书馆，2022）；彭国翔：《身心修炼：儒家传统的功夫论》（上海：上海三联书店，2022）；陈立胜：《从"修身"到"工夫"——儒家"内圣学"的开显与转折》（台北：台湾大学人文社会高等研究院东亚儒学研究中心，2021）等，都是儒家功夫论的专著。香港学界如郑宗义、邓康宏，台湾学界如杨儒宾、李瑞全等，皆有相关论著。

④ 此乃法国哲学家 Pierre Hadot（1922—2010）的洞见。

⑤ 唐君毅：《中华人文与当今世界》（台北：台湾学生书局，1988），页 884、889。

(intensional truth)来阐释中国哲学的普遍性(universality)。唐君毅也认为,中国哲学对真理的表达,着重"启发语言"(heuristic language)⑥。劳思光(1927—2012)更建议以中国哲学的"引导功能"(orientative function),使中国哲学成为"活的哲学",并使中国传统的心性论转为现代化的形态⑦。这些前辈学者的洞见,蕴含中国哲学的实践关怀,对于当今如何哲学地思考中国哲学之"功夫论"(尤其是儒家功夫论),颇有助益。

值得注意的是,宋明理学作为儒家心性之学的高峰,有丰富的"本体论"与"功夫论"的理论资源,这是重探中国哲学"功夫论"的宝库。就宋明理学而言,"本体论"是讨论道德实践之所以可能的先验根据(或超越根据),此即心性论(或理气论);"功夫论"是讨论道德实践之下手问题,此即功夫入路⑧(亦含功夫次第)。二者不是理论与实践对立或隔绝的关系,而是体用的动态辩证与合一关系(体用一源)。在这个意义下,笔者认为,宋明理学的"功夫论"相应于"本体论",属于"第一序功夫论"。然而,当今学者所欲重建的中国哲学之"功夫论",则是试图以功夫的实践进路,哲学地建构一套具有理论效力(theoretical power),可以客观论证、评价的"功夫论";亦即,作为"后设理论"(meta-theory)的"功夫论",可谓"第二序功夫论"。"第一序功夫论"在宋明理学的开展中,呈现多样的面貌与形态;而当今学界所关切的"第二序功夫论",则是一正在进行而尚未完成的功夫理论。有些学者甚至融合中西哲学,企图建构"功夫哲学"⑨,作为重建中国哲学的方案(project)。

本文之作,乃基于宋明理学"第一序功夫论"与当代中国哲学"第二序功夫论"之区分,由黄梨洲(宗羲,1610—1695)强调明代理学重

---

⑥ 牟宗三:《中国哲学十九讲》(台北:台湾学生书局,1983),页20、28。牟宗三将真理区分为"外延真理"与"内容真理",前者大体指科学的真理,后者则系属于主体,却有普遍性,道德、宗教所指的真理,都是"内容真理"。儒家就功夫实践所追求的本体论,也属于"内容真理"。

⑦ 劳思光:《中国哲学研究之检讨及建议》,收入刘国英编:《虚境与希望——论当代哲学与文化》(香港:香港中文大学出版社,2003),页21—24。

⑧ 牟宗三:《心体与性体》第1册(台北:正中书局,1987),页8。

⑨ 倪培民的新著《儒家功夫哲学论》即试图以"功夫论"的视域建构一套儒家功夫哲学理论。

视"宗旨"切入，以王阳明（守仁，1472—1528）"致良知"、刘蕺山（宗周，1578—1645）"慎独"之宗旨为例，分析理学家之"宗旨"如何建构？如何论证？如何评价？亦即，透过黄梨洲"宗旨"概念之提出与启发，为当代中国哲学建构"第二序功夫论"提供理论资源⑩。

二、"宗旨"的提出与启发

（一）宗旨的提出

毋庸置疑，本体论与功夫论是宋明理学的重点所在，降至阳明学更为凸显，故王阳明高足王龙溪（畿，1498—1583）就说："自先师提出本体、工夫，人人皆能谈本体、说工夫。"⑪显然地，人人皆能谈论的"本体"或"功夫"，并非概念的戏论或抽象的思辨，而是人人可以体证的"本体"，人人可做的"功夫"。这样的学问，必须通过一生不懈的努力，以道德实践的"体知"（knowing as a transformative act）⑫进路而予以辨明与融会。然而，在现代的学术处境与论述脉络下，如何清晰地以学术语言来表达宋明理学家所体证的功夫论，及其丰富的实践智慧学，并不容易。但这并不意谓宋明理学的"功夫论"仅是个人主观

---

⑩　匿名审查者认为理学家的功夫论（第一序功夫论）难以"清晰的学术语言"来表达，当代中国哲学所欲建构的功夫论（第二序功夫论）也难以被"客观论证"，遂质疑本文对此二者并未提供充分的、有效的论证。笔者认为审查人之质疑不仅割裂自我"体悟体证"的实践层次（功夫）与"客观讲明"的论述（功夫论、本体论）层次，且混淆二者之层次，并在论证上视二者有因果关联。亦即，既然功夫论属于每个人自我的体悟，就难以客观被言说，也无法被客观论证，本体论亦然。这样的观点，悖于中国传统儒家哲学功夫论与本体论的相互建构、不可断裂的共识，恐陷于西方哲学中实践哲学与理论哲学之截然二分。本文正是基于功夫与本体互相蕴涵，以及实践与理论讲明的双彰，试图说明无论理学家或当代中国哲学的功夫论都是可以被言说与客观论述（客观论证）的。且笔者已经指出当代中国哲学的功夫论之建构，是一正在进行而尚未完成的功夫理论。笔者碍于学力，无法充分建构一套当代中国哲学的功夫理论，本文之要旨在于从黄梨洲"宗旨"的两重启发（本体论与功夫论的相互建构、宗旨与经典诠释的相互建构）中，指出以本体论、功夫论、经典诠释三合一作为理论判准，正是功夫论可以被"客观论述"（评价）的理据所在。借此论点为当代中国哲学功夫论之建构，提供理论资源。

⑪　王畿撰，吴震编校整理：《冲元会纪》，《王畿集》（南京：凤凰出版社，2007），卷1，页3。

⑫　"体知"一概念由杜维明所揭示，并译为"knowing as a transformative act"。见氏著：《儒家"体知"传统的现代诠释》，郭齐勇编：《杜维明文集》（武汉：武汉出版社，2002），第5卷，页371。

的"自由心证"或"各说各话",既无客观性,也无从评价。因为,黄梨洲论及明代理学,特别标举"宗旨",就凸显理学家的功夫论、本体论都可以得到客观的评价,实有深意存焉,此对我们思考"第二序功夫论"有所启发。

"宗旨"一词虽见于晋、唐之际,后被禅宗大量使用,意谓各宗之旨趣[13]。但降至明代中叶阳明学兴起后,"宗旨"成为明代理学重要的概念,具有独特的学术意义。如阳明讲学一论及义理关键处,常勉其弟子"识得我立言宗旨"[14];而阳明后学千岩竞秀,于致良知教各有所得,也各"立宗旨"以体证师说[15]。如此众声喧哗的思想图像,意谓学术思想的多元并陈,虽然引发王门内外激烈的学术论辩,却也是阳明后学讲学论道的特色。诚如阳明后学胡瀚所言:"宋儒学尚分别,故勤注疏;明儒学尚浑成,故立宗旨。"[16]尽管明末清初学者对于明代理学家"立宗旨"(标宗旨)之风,褒贬不一[17],但黄梨洲却给予"宗旨"正面而积极的评价,并赋予新意。

(二)宗旨的分析

明代理学所谓的"宗旨",就表层的意义而言,是指凭一本或两本书,或凭一句或两句话,甚至只拈一字或二、三字来作为宗主或学的。如王阳明拈"致良知"三字、刘蕺山提"诚意"(慎独)二字,俱是"宗旨",以表示终久大之易简工夫[18]。然而,黄梨洲所谓的"宗旨",是指

---

[13]　参王汎森:《明末清初思想中之"宗旨"》,《晚明清初思想十论》(上海:复旦大学出版社,2004),页108。

[14]　本文凡引阳明《传习录》,皆以陈荣捷《王阳明传习录详注集评》(台北:台湾学生书局,1983)为据,编号亦从该书。如《传习录》上:5,即指《传习录》上卷,第5条,不另注明页数。阳明论及"立言宗旨"处,见《传习录》上:5;《传习录》下:321。

[15]　如王龙溪主"四无"、黄久庵立"艮止"、聂双江主"归寂"、罗念庵主"收摄保聚"等。

[16]　黄宗羲:《浙中王门学案》五,《明儒学案》(台北:华世出版社,1987),卷15,页330。

[17]　王汎森指出,明末清初思想家对"宗旨"的态度,由多元争鸣转向一元正统。王门后学立宗旨的风气,显示学问的多元并列,鼓励辩论,对宗旨给予正面评价;但朱子学者则倾向一元正统,反对立宗旨。参氏著:《明末清初思想中之"宗旨"》,《晚明清初思想十论》,页107—116。又刘勇也观察到中晚明士人的讲学活动中,理学学说的建构与宗旨有密切的关联,并指出《明儒学案》的新启示在于"讲学须有宗旨",且有精彩的分析,见氏著:《中晚明士人的讲学活动与学派建构——以李材(1529—1607)为中心的研究》(北京:商务印书馆,2015),第2章,页27—39。

[18]　钱穆:《中国学术通义》(台北:台湾学生书局,1976),页88。

理学家的"核心思想"，既谈"本体"，也说"功夫"，更具有思想的统摄与定向作用。黄梨洲于《明儒学案发凡》说道：

> 大凡学有宗旨，是其人之得力处，亦是学者之入门处。天下之义理无穷，苟非定以一二字，如何约之，使其在我。故讲学而无宗旨，即有嘉言，是无头绪之乱丝也。学者而不能得其人之宗旨，即读其书，亦犹张骞初至大夏，不能得月氏要领也。是编分别宗旨，如灯取影，杜牧之曰："丸之走盘，横斜圆直，不可尽知。其必可知者，知是丸不能出于盘也。"夫宗旨亦若是而已矣。[19]

又《黄梨洲先生原序》亦云：

> 羲为《明儒学案》，上下诸先生，深浅各得，醇疵互见，要皆功力所至，竭其心之万殊者，而后成家，未尝以懵懂精神冒人糟粕。于是为之分源别派，使其宗旨历然，由是而之焉，故圣人之耳目也。[20]

黄梨洲编著《明儒学案》特别强调"宗旨"之必要，正显示他很清楚地意识到，理学家之"讲学"来自功夫的实践关怀，并非空谈，所谓"修德而后可讲学"[21]。在这个意义下，"宗旨"成为讲学的枢纽，可分析如下：

其一，"宗旨"是理学家一生精神与学术之所在，是理学家之"得力处"与学者理解理学家思想的"入门处"，这是从实践关怀或主观面来说，此是宗旨的实践意涵。而修德的"得力处"意谓对本体的印证或体证，"入门处"则是修德的功夫入路。据此，明儒立"宗旨"，多偏向功夫所得，如王阳明之宗旨为"致良知"、湛甘泉（若水，1466—1560）之宗旨为"随处体认天理"、聂双江（豹，1487—1563）之宗旨为"归寂"、刘蕺山之宗旨为"慎独"等。但细绎之，宗旨已含对本体与功

---

⑲　黄宗羲：《明儒学案发凡》，《明儒学案》，页 17。
⑳　黄宗羲：《黄梨洲先生原序》，《明儒学案》，页 10。
㉑　同前注，页 9。

夫的理解，故"良知"为本体，"致（良知）"为功夫；"天理"为本体，"随处体认（天理）"为功夫；"寂"为本体，"归（寂）"为功夫；"独"为本体，"慎（独）"为功夫。显然地，"宗旨"字面上多指功夫，实则"本体"与"功夫"双彰。就此而言，"宗旨"不只是反映简易功夫，还蕴含丰富的本体意涵。

其二，理学家讲学之所以需要"宗旨"，显示本体与功夫的探究，有其客观的学术意义，此是宗旨的理论意涵。诚如黄梨洲所言，《明儒学案》诸学者之学术，虽深浅、醇疵不同，但皆诸学者修德体道之所得，而后成一家之言，他们"未尝以惛懂精神冒人糟粕"。就此而言，"学问之道，以各人自用得着者为真"[22]，诸学者"有一偏之见，有相反之论"，但皆有客观意义，"学者于其不同处，正宜着眼理会"[23]。据此，"宗旨"揭示学术思想的开放性与客观意义。最明显的例子是，阳明后学对于"致良知"宗旨的体证不同，遂发展出各自诠释"致良知"的宗旨，如王龙溪之"四无"、季彭山（本，1485—1563）之"龙惕"、邹东廓（守益，1491—1562）之"戒惧慎独"、聂双江之"归寂"、罗念庵（洪先，1504—1564）之"主静无欲"（收摄保聚）等。虽然阳明后学宗旨纷立，带来激烈的学术论辩，但在论辩中，学术的异同与客观性也随之揭示。

其三，理学家讲学诉诸"宗旨"，具有统摄学术思想与定向的作用，显示理学家修德所体证的义理世界，并非纷乱无序的嘉言或老生常谈之道德格言的抄录，而是有其内在的意义联结与逻辑性，是持之有故、言之成理，且终始条理的客观学术思想。借由"宗旨"的统摄与定向作用，如"丸之走盘"，虽变化无穷，但"知是丸不能出于盘也"，亦即，讲学者学术思想有其内在逻辑与完备性，不会自相矛盾。同时，受教者也须避免"张骞初至大夏，不能得月氏要领"之茫然，必须根据"要领"（宗旨）才易于进入并理解理学家的义理世界而有所受用。就此而言，"宗旨"并非只是形式（form），用来涵括材料（matter）而已[24]，

---

[22] 黄宗羲：《明儒学案发凡》，《明儒学案》，页18。

[23] 同前注。

[24] 笔者认为王汎森将"宗旨"视为形式（form），乃着重学术思想的现象观察，未能意识到"宗旨"的理论意义。参氏著：《明末清初思想中之"宗旨"》，《晚明清初思想十论》，页111。

而是借由"宗旨"，讲学者与受教者双方的互动，揭示丰富的义理世界。犹有进者，"学有宗旨"意谓诸理学家的学术思想有其自身的独立性(独特性)与一致性，而非零散的议论，可以客观地进行检视。

其四，理学家一生的讲学多在功夫实践的历程中开展，故"宗旨"是可变的，也是多元的。黄梨洲指出："诸先生学不一途，师门宗旨，或析之为数家，终身学术，每久之而一变。"[25]征诸王阳明前三变与后三变的学思历程，由"心即理""知行合一"，最后统摄与定向于"致良知"。同样地，刘蕺山"始致力于主敬，中操功于慎独，而晚归本于诚意"[26]。这多变的宗旨，意谓学术思想与实践功夫的臻至圆熟，而非学术思想的裂变[27]。尤其阳明后学虽肯认"致良知"为师门宗旨，但因王门诸弟子体证领受之不同，析之为数家各有所得之"宗旨"。这样多元并列的阳明后学之"宗旨"，意谓各家宗旨都有同等的地位，也有相当的客观性，这样的学术思想并非定于一尊，也非趋于一元。据此，黄梨洲批评周海门(汝登，1547—1629)《圣学宗传》只反映"一人之宗旨"，而非"各家之宗旨"[28]。他也批评孙钟元(奇逢，1585—1675)《理学宗传》杂收诸家之言，未能得其"要领"，没有"宗旨"统摄可作客观的论断[29]。在黄梨洲看来，多元并列、亦可数变的"宗旨"，除反映理学家学术思想的历程与异同外，也隐含相同的宗旨或不同的宗旨之间，也能客观地甄别论断。

值得注意的是，当黄梨洲于《明儒学案》赋予"宗旨"新意与丰富意涵时，"宗旨"成为评价明代理学家学术思想高下的重要概念，具有义理的评价功能。最明显的评价，在于黄梨洲对于其师刘蕺山的评价：

> 先生之学，以慎独为宗。儒者人人言慎独，唯先生始得
> 其真。[30]

---

[25] 黄宗羲：《明儒学案序》，《明儒学案》，页7。

[26] 刘汋：《刘宗周年谱》，收入戴琏璋、吴光主编：《刘宗周全集》第5册(台北："中研院"中国文哲研究所筹备处，1997)，页528。

[27] 如阳明学术思想之前三变是异质的发展，后三变则是同质的发展。刘蕺山之"始致力于主敬，中操功于慎独，而晚归本于诚意"，也是同质的发展，而非思想的异质裂变。

[28] 黄宗羲：《明儒学案发凡》，《明儒学案》，页17。

[29] 同前注。

[30] 黄宗羲：《蕺山学案》，《明儒学案》，卷62，页1512。

黄梨洲指出刘蕺山以"慎独"为宗旨，"慎独"是蕺山一生讲学的"得力处"与"入门处"。虽然蕺山为学有早、中、晚期的不同，但皆以"慎独"一以贯之。黄梨洲也客观地指出宋明理学家论及"慎独"者多矣，如程明道（颢，1032—1085）[31]、朱子（熹，1130—1200）[32]、王阳明都对"慎独"有所阐释[33]。而阳明后学虽尊崇"致良知"为师门宗旨，但在功夫论上，也逐渐重视"慎独"，如王龙溪[34]、季彭山[35]、聂双江[36]、王塘南（时槐，1522—1605）[37]、王一庵（栋，1503—1581）[38]等都有"慎独"的相关体证与论述。甚至蕺山所推崇的孙淇澳（慎行，1564—1635）更著有《中庸慎独义》，阐发"慎独"之义[39]。因此，黄梨洲说"儒者人人言慎独"，洵非虚言，有其宋明理学史的客观脉络。然而，这些理学家对"慎独"的体证，不可谓不"真"切；他们对于"慎独"的论述（理解与诠释），也言之成理，不可谓不"真"实。然则，黄梨洲是在哪一个意义上评价蕺山"慎独"宗旨"始得其真"？是值得深思的。

---

[31] 程明道云："纯亦不已，此乃天德也。有天德便可语王道，其要旨在慎独。"见程颢、程颐撰：《河南程氏遗书》，卷14，《二程集》（北京：中华书局，1981），页141。又云："洒扫应对便是形而上者，理无大小之故也。故君子只在慎独。"同前书，卷6，页81。

[32] 朱熹以"人所不知而己所独知之地"诠释《中庸》《大学》之"慎独"。

[33] 阳明借用朱子"独知"一词，直指"良知"，"所谓'人虽不知而己所独知'者，此正是吾心良知处"（《传习录》下：317）。

[34] 王龙溪承阳明之意云："知便是本体，慎独便是工夫，只此便是未发先天之学。"（《浙中王门学案》二，《明儒学案》，卷12，页260）

[35] 季彭山云："圣人之道，不于用上求自然，而于体上做工夫。……舍慎独而言自然，则自然者气化也，必有忽于细微而忿于理义之正者，其入于佛老无疑矣。"（《浙中王门学案》三，《明儒学案》，卷13，页277）

[36] 聂双江云："不睹不闻，便是未发之中。常存此体，便是戒惧。去耳目支离之用，全虚圆不测之神，睹闻何有哉？不闻曰隐，不睹曰微。微隐曰独。莫见莫显，诚之不可掩也。慎独云者，言戒慎恐惧，非他人所能与。退藏于密，鬼神莫窥其际。"《困辩录·辩中》，收入聂豹撰，吴可为编校整理：《聂豹集》（南京：凤凰出版社，2007），卷14，页545。

[37] 王塘南云："意非念虑起灭之谓也，是生几之动而未形，有无之间也。独即意之入微，非有二也。意本生生，惟造化之机不充则不能生。故学贵从收敛入，收敛即为慎独，此凝道之枢要也。"（《江右王门学案》五，《明儒学案》，卷20，页473）

[38] 王一庵"不以意为心之所发"，从而以"诚意"诠释"慎独"，故云："诚意工夫在慎独，独即意之别名，慎即诚之用力耳。"（《泰州学案》一，《明儒学案》，卷32，页734）

[39] 孙淇澳云："所不睹所不闻者，终日睹闻，未尝睹闻；终身睹闻，无可睹闻。此是心体，未是独也。惟君子戒慎恐惧，一乎是所，绝无他驰；一敬为主，百邪不生；一念常操，万用毕集。真觉有隐有微，时时保聚，有莫见有莫显，种种包涵，继善成性之所，正富有日新之所，乃名为君子慎独。"（《东林学案》二，《明儒学案》，卷59，页1460）

(三)宗旨的启发

1. 本体论与功夫论的相互建构

承上所述,理学家立"宗旨",虽多从功夫立论,但已经蕴含"本体论"的面向,而对卓然成家的理学家而言,其"宗旨"必然本体论、功夫论双彰,这就涉及本体论与功夫论的相互建构,这是"宗旨"的第一重启发。

依笔者之见,本体论与功夫论的相互建构,在阳明与阳明后学的相关论述中,特别以"体用一源"的义理架构来揭示。而阳明强调"本体功夫",在宋明理学的功夫论的论述中,具有独特的意义与洞见[40]。亦即,阳明将功夫论的论述,从经验层的"对治",提升至超越层的"立本"。在这个意义下,所谓"本体功夫"即是"本质的工夫"[41],在心性之学中具有关键性的地位与优先性。

依据《传习录》下卷所载,阳明于正德十六年(1521)于南昌回复弟子有关功夫有内外之困扰时,提及"本体功夫":

> 功夫不离本体。本体原无内外,只为后来做功夫的分

---

[40]　朱子云:"人虽本有是心,而功夫不到,无以见本体之妙。"见《答何叔京》二十九,朱熹撰,陈俊民校订:《朱子文集》(台北:德富文教基金会,2000),卷40,页1741。又于评论《大颠问答》时提及韩愈与大颠禅师之交游云:"然亦只此,便见得韩公(韩愈)本体、功夫有欠阙处。"(《答廖子晦》十八,《朱子文集》,卷45,页2056)陈立胜引用朱子此二书,指出朱子有"本体功夫"的用法。然而,朱子固然将"本体"与"功夫"对举,但他还没有将"本体功夫"视为独立的"功夫"概念,也还没有阳明"本体功夫"作为"功夫"的独特含义:"合于本体的功夫"。陈立胜所援引朱熹前述《答廖子晦》十八,恐有断句之误。参氏著:《从"修身"到"工夫"——儒家"内圣学"的开显与转折》,页28。值得注意的是,笔者认为阳明所谓"本体功夫"虽在《传习录》仅一处提及(《传习录》下:204),但此概念有独特的含义:合于本体的功夫;也有独立的地位:属于功夫论。另《稽山承语》"合着本体是功夫,做得功夫的方是本体"亦含"本体功夫"之概念。又王龙溪、欧阳南野也提及"本体功夫"之概念。如《水西精舍会语》载:"有问:'惩忿窒欲是本体功夫否?'曰:'……惩忿窒欲,复其是非之本心,是合本体的工夫。'"(《王畿集》,页59);《答南明汪子问》:"乐是心之本体……戒慎恐惧乎其所不睹不闻,是合本体功夫,有所恐惧则便不得其正。"(《王畿集》,页67)欧阳南野《答陈明水》云:"好善恶恶亦是彻上彻下语。……故好善恶恶只是本体功夫,本体流行亦只是好善恶恶耳。"(欧阳德撰,陈永革编校整理:《欧阳德集》[南京:凤凰出版社,2007],页42)

[41]　牟宗三论及宋明理学的功夫论,有"逆觉体证"(内在的逆觉体证、超越的逆觉体证)、"顺取之路"两大类型。只有"逆觉体证"才是"本质的工夫",其他皆是助缘,如朱子采顺取之路的格物穷理功夫,即是"助缘的工夫"。参牟宗三:《从陆象山到刘蕺山》(台北:台湾学生书局,1984),页33。实则,笔者认为,牟宗三所谓"本质的工夫"即是王阳明所谓"本体功夫"。

　　了内外，失其本体了。如今正要讲明功夫不要有内外，乃是
　　本体功夫。（《传习录》下：204）

依据宋明理学家之共识，儒家的心性之学旨在"复其初"，恢复人之为
人的"心""性"，此乃人人本具的至善"本体"，亦是道德实践之所以
可能的超越根据。诸理学家对于作为本体的心、性，因其体证不同，
各有不同的论述，如"性即理""心即理""心统性情""良知""独体"
等，都属于本体论。然而，人作为有限的存有者，在经验实然的层面
（"物交物则引之而已矣"），心、性作为"本体"可能遮蔽，陷溺于情识
物欲而不知返，乃至沦为万恶之渊薮，故有"功夫"之必要。人人可借
由道德实践的功夫入路或次第（步骤），恢复本体。同样地，诸理学家
因其对本体的体证有别，所揭示的功夫入路或次第也不同。如朱子
的"静时涵养、动时察识、敬贯动静"、李延平（1093—1163）的"观喜怒
哀乐未发前气象"、陆象山（九渊，1139—1193）的"先立其大"、杨慈湖
（简，1141—1226）之"不起意"、陈白沙（献章，1428—1500）之"静中
养出端倪"、阳明之"致良知"等，都属于功夫论。因此，从实践上说，
功夫之必要，在于本体被遮蔽；而本体之复，必得有功夫之实践。就
理论上言，本体为功夫奠基，不识本体，功夫也无所依循。在这个意
义下，本体与功夫在逻辑上相互涵蕴（implication），而本体论与功夫
论并非对立的矛盾（contradictory）关系，二者在理论上相应一致，二者
也相互建构，此即阳明所言"功夫不离本体"，当然此命题也包含"本
体不离功夫"。

　　当阳明指出"功夫不离本体"时，乃针对功夫有内外、动静二分的
批判。征诸《传习录》所载，多针对朱子功夫论而发。如朱子于本体
论（心性论）主张"理气不离不杂""心统性情"，"心、性有别"，故相应
的功夫论则是静时涵养（内），动时察识（外），敬贯动静内外。这样的
功夫，虽然有入路、有步骤可循，固然可称为"功夫"，但对阳明而言，
并非"本体功夫"。由于朱子析心与理为二，必须添一"敬"字来贯动
静、内外，功夫乃有间断。有鉴于此，阳明必须扭转朱子的本体论（心
性论），讲明"心即理"，良知是"天理自然明觉发见处"（《传习录》中：
189），良知作为本体，"本体原无内外"，所谓："未发之中，即良知也，

无前后内外，而浑然一体者也。有事、无事可以言动、静，而良知无分于有事、无事也；寂然、感通可以言动、静，而良知无分于寂然、感通也。动、静者，所遇之时；心之本体，固无分于动、静也。"（《传习录》中：157）在阳明看来，就因为后儒未能讲明本体，故功夫乃有动静、内外、寂感、有事无事、前后之分，于是有涵养、省察、格物、穷理等功夫。这些功夫并非不重要，但从阳明良知本体的讲明来看，都不是"本体功夫"，只能是"助缘的工夫"，因这些功夫都是从经验层来对治的后天功夫，而非在超越层的良知本体上做功夫。对比之下，所谓"本体功夫"就是"合于本体的功夫"，亦即，"良知本体"无动/静、内/外、寂/感、有事/无事、前/后，原是"妙用无息""常体不易"，故"致良知功夫"，也是无动静、内外、寂感、前后之分（《传习录》中：157）。换言之，阳明标举的"本体功夫"乃"从先天开工夫"[42]，将良知本体"复得完完全全，无少亏欠"（《传习录》下：261）。在阳明之前，诸理学家所谓的"功夫"，可以泛指一切有助于道德实践的方法，未能清楚地意识到"本体功夫"。但阳明却对"功夫"有更深入的体证，必须"合着本体"，才可称为"功夫"，此即是"本体功夫"。换言之，因阳明提出"本体功夫"这一概念，开启本体与功夫辩证[43]发展的义理深度，这是阳明功夫论的洞见！

实则，阳明"本体功夫"的诠释，也见于阳明弟子朱得之所记录的《稽山承语》：

> 合着本体，方是工夫；做得工夫，方是本体。
> 又曰："做得工夫，方见本体。"
> 又曰："做工夫的，便是本体。"[44]

---

[42]　牟宗三指出："故就内圣之学之道德实践说，必从先天开工夫，而言逆觉体证。"见氏著：《从陆象山到刘蕺山》，页231。

[43]　本体与功夫之辩证，乃是就"精神表现底发展过程"以言辩证，就"形而上的绝对真实"以言辩证。见牟宗三：《理则学》（台北：正中书局，1982），页273—279。

[44]　朱得之：《稽山承语》（傅斯年图书馆藏明嘉靖间刊本），第20条。陈荣捷《王阳明传习录集注集评》收入《传习录拾遗》15条，阳明亦云："合着本体的，是工夫。做得功夫的，方识本体。"（《传习录拾遗》：3）又唐一庵语录亦记载此言："问：'合着本体，方是工夫；做得工夫，方识本体。'如何？"见《甘泉学案》四，《明儒学案》，卷40，页966。

第一句前半句"合着本体，方是工夫"之"工夫"即是"本体功夫"，意谓合于本体的功夫。第一句后半句"做得工夫"，是指在良知本体上做功夫（本体功夫），此不同于意念的对治，而是良知本体的自觉、自知、自证、自致其自身，从某个意义上，可说是"以良知致良知"。"本体功夫"之所以可能，唯依良知本体的力量，别无他法。所谓"做得工夫（本体功夫），方是本体"、第三句"做工夫（本体功夫）的，便是本体"，亦是此义。另从"本体功夫"的开展来说，唯有借此"本体功夫"，才能"见"（识认）良知"本体"，此即第二句"做得工夫（本体功夫），方见本体"之义。也可以说，若不是做"本体功夫"，即无法见本体。如此一来，阳明致良知功夫，是以"本体功夫"为关键、为优先，此是先天立体（立本体）的功夫，此一功夫论议题，在阳明后学对于"第一义功夫"（究竟功夫）的体证与探究中得以开展。

事实上，阳明所谓的"本体功夫"，即是阳明后学所谓的"第一义功夫"或"先天之学"。由于"致良知"端赖"本体功夫"，故阳明后学将"致良知"转而为"悟良知（本体）"[45]，是以王龙溪乃谓："君子之学，贵于得悟，悟门不开，无以证学。"[46]此一说法，可说本于阳明"乃若致知，则存乎心悟"[47]之言，是阳明后学的共识[48]。对于如何做"本体功夫"而"悟良知（本体）"，阳明后学大抵发展出两种功夫形态。一是"悟本体即功夫"，王龙溪、罗近溪（汝芳，1515—1588）属之；一是"由功夫以悟本体"，钱绪山（德洪，1496—1574）、邹东廓、聂双江、罗念庵属之。此两种功夫形态都是以"悟（良知）本体"为第一义功夫，其相异处在于前者为"顿入"（即本体为功夫），后者为"渐入"（用功夫以

---

⑤　参拙文：《唐君毅、牟宗三的阳明后学研究》，《诠释与工夫：宋明理学的超越蕲向与内在辩证》（台北："中研院"中国文哲研究所，2012），页417—425。

⑥　王畿撰，吴震编校整理：《悟说》，《王畿集》，卷17，页494。

⑦　阳明三易其稿写于1524年的《大学古本序》末句："乃若致知，则存乎心悟，致知焉，尽矣。"见王守仁撰，吴光、钱明、董平、姚延福编校：《王阳明全集》上册（上海：上海古籍出版社，1992），卷7，页243。该书此句标点作："乃若致知，则存乎心，悟致知焉，尽矣。"明显有误。

⑧　阳明后学都肯定"致知存乎心悟"为阳明之言，亦在致良知功夫的讨论中，常举此阳明之言，王龙溪、钱绪山、欧阳南野、魏良弼都有记载与讨论，有其关键性的影响。参拙文：《耿宁对阳明后学的诠释与评价》，收入倪梁康、张任之编：《耿宁心性现象学研究文集》（北京：商务印书馆，2020），页296—304。

复本体）。此两种功夫形态不是对立的，因就"悟本体"言，皆须顿入（由"本体功夫"见"良知本体"），顿入才能识得本体以起功夫（承体起用）。因此，就阳明与阳明后学而言，"本体"（良知本体）与"功夫"（本体功夫）的辩证开展，正如王龙溪所言："理乘顿悟，事属渐修；悟以启修，修以征悟。"⑭由"即本体为功夫"（悟）⇄"用功夫以复本体"（修）进行双向动态的体证（证体），臻至"即本体即功夫""即功夫即本体"的"本体与功夫合一"之境界。这即是由阳明"本体功夫"所开展的本体论与功夫论之相互建构。若此"悟以启修""修以征悟"的双向动态的辩证过程一有间断，则亦无"致良知"功夫可言，本体论与功夫论将割裂而断为两橛。

此外，阳明后学欧阳南野（德，1496—1554），对于阳明"本体功夫"也有善解，且针对阳明后学功夫论的分歧，也甄别"本体""功夫""效验"的不同与关联。欧阳南野说道：

> 窃意本体、功夫、效验，诚不可混。**然本体是功夫样子，效验是功夫证应**。良知本戒慎不睹、恐惧不闻，无自欺而恒自慊。功夫亦须戒慎恐惧，无自欺而恒自慊。果能戒慎恐惧，无自欺而恒自慊，即是效验矣。……良知本无少偏倚乖戾，无内外、先后、动静，而浑然一体。功夫亦须无偏倚乖戾，无内外、先后、动静，而浑然一体。果能无偏倚乖戾，无内外、先后、动静，而浑然一体，即是效验矣。故**不用功夫，即是不循本体；功夫不合本体，即不是本体功夫**；用功不能得效，亦即是不曾用功。故**用功以本体作样子，以效验作证应**，而不可遂以本体、效验作功夫。以本体、效验作功夫，是谓知能自致也。感应变化，固皆良知之物，而不可遂以感应变化作功夫。以感应变化作功夫，是谓物之自格也。则是道能弘人，非人弘道也。此岂惟着在支节，脱却本原而已耶？⑮

---

⑭ 王畿撰，吴震编校整理：《渐庵说》，《王畿集》，卷17，页500。
⑮ 欧阳德撰，陈永革编校整理：《答聂双江》二，《欧阳德集》，卷5，页186。

欧阳南野以"功夫"为核心，将"本体""效验"予以联结，做了精准的把握。析言之，欧阳南野所谓"本体是功夫的样子"，一方面本于阳明所言"合着本体，方是工夫"，亦即，功夫必定是"本体功夫"；反之，若功夫不合本体，就不是"本体功夫"。另一方面也显示"本体功夫"端赖良知本体之自觉、自知、自致、自证之力量，故"做得工夫"（本体功夫），"方是本体"（便是本体）；也可以说，唯有做得本体功夫，才见（识认）本体。据此，欧阳南野所谓"功夫"必是指"本体功夫"，且"本体"与"功夫"（本体功夫）也必相应一致。欧阳南野的举例，明白易懂，从本体言，"良知本戒慎不睹、恐惧不闻，无自欺而恒自慊"；就功夫（本体功夫）说，"功夫亦须戒慎恐惧，无自欺而恒自慊"。而功夫（本体功夫）的证应，则从功夫实践后的效验来检证，故云"果能戒慎恐惧，无自欺而恒自慊"，即是"效验"。换言之，"功夫"（本体功夫）是道德实践的关键，一方面"功夫"要以先天超越的"本体"为根据，功夫才不会偏离走作；另一方面"功夫"要从具体经验世界的"效验"来检证而得以落实。类比地说，"本体"是"功夫"之因地，"效验"是"功夫"之果地。作为因地之"本体"呈现良知本体自身之圆满性，而作为果地之"效验"则显示致良知功夫之境界，亦是圆满的。故真正的着力处、入手处，唯有"功夫"，且此功夫是在本体与功夫的相互建构中动态地、辩证地、螺旋式地向上而臻至一体的圆熟化境。在这个意义下，欧阳南野针对阳明后学诸多功夫论，特别告诫：不可以本体、效验做功夫。

实则，本体与功夫的相互建构，必臻至本体与功夫的合一，此谓"体用一源"。我们可借由欧阳南野所举的"良知本戒慎不睹、恐惧不闻……功夫亦须戒慎恐惧"为例再申论之。《中庸》言"君子戒慎乎其所不睹，恐惧乎其所不闻"，乃指用功夫于须臾不可离之"道"，道为本体，故良知亦是不可睹闻又不可须臾离也之本体，故阳明乃谓："盖不睹不闻，是良知本体。戒慎恐惧，是致良知的工夫。"（《传习录》下：329）而从"做得工夫的，便是本体"来说，"能戒慎恐惧者是良知"（《传习录》中：159），就此而言，"戒慎恐惧"也是良知本有的"良能"，用以表示良知本体之"用"。如是，"不睹不闻"即是良知之"体"，"戒慎恐惧"即是良知之"用"，此乃良知本体之"体用一源"、即体即用、即用即体。据此，"戒慎恐惧"也可从良知本体之"用"来理解，意谓"良知原是精精明明的"（《传习录》下：291）。在这个意义下，良知本体之"戒慎恐惧"，即是良知本体自身即能涌现"明觉""精察""精明"之能（力量）。故对欧阳南野而言，"不睹不闻"（体）、"戒慎恐惧"（用）都可以指涉良知本体，所谓"良知本戒慎不睹、恐惧不闻"。因此，相应于良知本体的"戒慎恐惧"功夫，就不是泛指对某一对象的心理状态或情绪反应，而是相应于良知本体的"明觉""精察""精明"之用，让心灵保持高度注意力、明察力、唤醒力[51]的功夫，若用宋明理学的功夫术语来说，"戒慎恐惧"功夫，就是"敬"功夫，以此功夫而复良知本体的自然之用。换言之，"戒慎恐惧"可就良知本体而言，也可以就功夫来说。同样地，"不睹不闻"意谓良知本体无声无臭，超越睹闻；同时也意谓"功夫"也应"不睹不闻"，此功夫即是"未尝致纤毫之力"的功夫，亦是"无功夫的功夫"。总之，"不睹不闻""戒慎恐惧"都可以就本体与功夫两面来理解。

不过，一旦"戒慎恐惧"功夫臻至纯熟后，阳明再启发弟子领会"戒慎恐惧是本体，不睹不闻是功夫"，当然也引发门人黄五岳（省曾）的困惑。《传习录》下卷记载：

> 问："'不睹不闻'是说本体，'戒慎恐惧'是说功夫否？"先生曰："此处须信得本体原是不睹不闻的，亦原是戒慎恐惧的。戒慎恐惧，不曾在不睹不闻上加得些子。见得真时，便谓戒慎恐惧是本体，不睹不闻是功夫，亦得。"（《传习录》下：266）[52]

门人之问，原本阳明之说，较易理解与领会。但阳明之回答，又在本体与功夫的相互建构中予以深化。阳明回答的"此处须信得本体原是不睹不闻的，亦原是戒慎恐惧的"，显然是顺弟子"戒慎恐惧"之功

---

[51] 陈立胜对良知"戒惧之念"的诠释，极为精准，参氏著：《从"修身"到"工夫"——儒家"内圣学"的开显与转折》，页345。

[52] 陈荣捷《王阳明传习录详注集评》此则少"亦得"二字，今依据《王阳明全集》上册（卷3，页105）补上。

夫,而使其信得(悟得、见得)良知本体之"体用一源"(良知是不睹不闻之体,也是戒慎恐惧之用),此就"本体"深化而言。对本体的深化也引导"功夫"的精微纯熟,故"戒慎恐惧不曾在不睹不闻上加得些子"是指"戒慎恐惧"之功夫乃"顺其良知之发用,还他良知本色"(《传习录》下：269),所谓："只顺其天则自然,就是功夫。"(《传习录》下：270)如此一来,"戒慎恐惧"之功夫,亦可谓"不睹不闻"之功夫。这样"不睹不闻"的功夫,是在"见得真时"进一步对功夫的深化,也是"勿忘、勿助长""未尝致纤毫之力"[53]的功夫。相对于"戒慎恐惧"功夫之勉强,"不睹不闻"功夫则是以"戒慎恐惧"功夫为入路,"久久成熟后,则不须着力,不待防检,而真性自不息矣"(《传习录》下：329)的自然功夫[54]。臻至此自然功夫,不论"戒慎恐惧"功夫或"不睹不闻"功夫,俱不着相,也不落空,而是"即本体即功夫""即功夫即本体""本体与功夫合一",也是"体(本体)用(功夫)一源"。

　　从阳明、欧阳南野对于良知本体"不睹不闻",致良知功夫"戒慎恐惧"的不离、相互建构的体用思维中,诉诸的是实践功夫的辩证,而非语言概念的玄妙,由此而揭示层层深化的本体论与功夫论。我们可以借由阳明论及"敬畏"与"洒脱"再申此义：

　　　　君子之所谓敬畏者,非有所恐惧忧患之谓也,乃戒慎不
　　睹,恐惧不闻之谓耳。君子之所谓洒脱者,非旷荡放逸,纵
　　情肆意之谓也,乃其心体不累于欲,无入而不自得之谓耳。[55]

讨论至此,阳明所谓"戒慎恐惧"功夫即是"敬畏",即是时时以专注力、警惕力使良知本体涌现其精明、明觉之力量；"不睹不闻"功夫即是"洒脱",使良知本体(心体)不累于欲而无入而不自得。据此,"敬畏"(戒慎恐惧)与"洒脱"(不睹不闻)都是超越层的"本体功夫",敬畏中有洒脱,洒脱中有敬畏,二者异名同实而不对立,俱是

---

　　[53]　程明道《识仁篇》云："'必有事焉而勿正,心勿忘,勿助长',未尝致纤毫之力,此其存之道。"见《河南程氏遗书》,卷2上,《二程集》(北京：中华书局,1981),页17。

　　[54]　陈立胜：《从"修身"到"工夫"——儒家"内圣学"的开显与转折》,页347。

　　[55]　《答舒国用》,《王阳明全集》上册,卷5,页190。

"致良知"功夫㊱。犹有进者，以往类似相对的功夫（如存养/省察、致中/致和等），都在本体与功夫的相互建构与实践辩证中合而为一，体用一源，此即是阳明紧扣"本体功夫"之功夫论的特色及其启发。

2. 宗旨与经典诠释的相互建构

相对于黄梨洲"宗旨"概念所蕴含的"本体论与功夫论的相互建构"，笔者认为，理学家"宗旨"的建立也与其"经典诠释"密切相关。亦即，理学家之"宗旨"与其"经典诠释"，二者也是相互建构的。这是"宗旨"的第二重启发。

不同于西方哲学家大多独立建构哲学理论的思辨理性传统，宋明理学家在儒学"述而不作"的传统下，是以"圣人之学"或"道"（内容真理）的追求者、体现者自期。他们在实践关怀下，往往借由经典诠释，来阐述自家的学术思想，以成一家之言。若从大多数宋明理学家的学思历程来看，功夫实践的关怀为首出，如朱熹之参究中和问题，阳明之格竹子、龙场悟道，都是例证。就在功夫的探索力践中，进而诉诸经典诠释的索解，以印证圣人之学，从而提出自家学术思想作为"宗旨"，这一过程犹如"六经注我"，意谓六经作为经典，有其客观性，每一位寻求经典真理的诠释者，都能在经典中探求普遍客观的真理。又一旦"宗旨"确立后，理学家又以其"宗旨"（核心思想）来诠释经典，以彰显其所体证的圣人之学的普遍性，就此而言，此一过程如同"我注六经"，意谓六经作为经典，其客观性真理需透过诠释者主观的揭示㊲。换言之，

㊱　类似的说法，也见于王龙溪的阐释。龙溪云："乐是心之本体，本是活泼，本是脱洒，本无挂碍系缚。……戒慎恐惧乎所不睹不闻，是合本体功夫，有所恐惧则便不得其正。惧与乐，非二也。活泼脱洒由于本体之常存，本体常存由于戒慎恐惧之无间。"（《答南明汪子问》，《王畿集》，卷3，页67）王龙溪指出"活泼洒脱"（乐）与"戒慎恐惧"（惧）不二，俱是超越层的"本体功夫"，二者异名同实，均是致良知功夫，这也是本于阳明"敬畏"（戒慎恐惧）与"洒脱"（不睹不闻）不二之义而来。

㊲　陆象山提及："《论语》中多有无头柄的说话，如'知及之，仁不能守之'之类，不知所及所守者何事？……非学有本领，未易读也。苟学有本领，则知之所及者，及此也；仁之所守者，守此也。……学苟知本，六经皆我注脚。"见陆九渊：《语录》上，《陆九渊集》（北京：中华书局，2010年重印），卷34，页395。《语录》上又载："或问：先生何不著书？对曰：'六经注我，我注六经。'韩退之是倒做，盖欲因学文而学道。"（同前书，页399）由此可见，对陆象山而言，"六经注我"有其优先性（学道），且与"我注六经"并非对立，两者双彰才是完整的经典诠释。类比地说，这正是陆象山进行经典诠释的"诠释学循环"（hermeneutic circle）。本文所举的王阳明与刘蕺山的经典诠释亦然。

理学家之"宗旨"与"经典诠释"是相互建构的。相较于汉、唐诸儒的训诂、注疏之学，同样是解说经义，却多了理论建构的高度与道德形上学的向度。

在宋明理学家看来，"经典"是记载"圣人之学"的卓越文本，而"圣人之学"则意谓天道的开显与人道的完成，"圣人之学"是"道"（内容真理）的圆满体现。故"经典""圣人之学""道"三者在诠释、理解与实践上有共构关系。其中，"经典"之所以具权威性、普遍性，"圣人之学"之所以值得追求，就在于"经典载道""圣人体道"，亦即，"道"是"经典"与"圣人之学"的核心价值所在。因此，"人能弘道，非道弘人"，"经典"→"圣人之学"→"道"是宋明理学家借由下学上达的"证道"之路，具有功夫实践的意涵。

从经典诠释的角度来看，理学家作为"诠释者"（解经者），当他们面对"经典"时，"经典"地位高于"诠释者"，如同朱熹所言："圣经字若个主人，解者犹若奴仆。"[58]这并非指"诠释者"的自我矮化，而是强调"经典"总比"诠释者"承载更多、更丰富的意义，"经典"（卓越文本）高于"诠释者"（自我）。同样地，就"圣人之学"作为"道"的具体而微之显现，"道"的价值位阶高于"圣人之学"；而从"经典"作为"圣人之学"的记载，则必须透过语言文字来传递，故"圣人之学"的价值位阶高于"经典"。如同刘蕺山所言："若只是讲解文义，纵将夫子一生面目满盘画出，何益吾事？"[59]虽然如此，圣人所体现之"道"，不是抽离百姓而孤悬的抽象真理，而是与主体生命相关的内容真理，必须透过"诠释者"（解经者）的理解、诠释与体验，方能显示出来。在这个意义下，对于理学家而言，经典诠释有其必要性，从文义的注解到整体身心的浸润体验，都有功夫实践的意义。诚如朱子所言："圣人言语本是明白，不须解说，只为学者看不见，所以做出注解与学者省一半力。"[60]又说："若不从文字上做工夫，又茫然不知下手处。若是字字而

---

[58] 朱熹撰，黎靖德编：《朱子语类》（北京：中华书局，1986），卷11，页193。
[59] 刘宗周：《证人社语录》，戴琏璋、吴光主编：《刘宗周全集》第2册（台北："中研院"中国文哲研究所筹备处，1996），页675。
[60] 《朱子语类》，卷19，页440。

求,句句而论,不于身心着切体认,则又无所益。"⑥由此可见,"经典诠释"之于理学家,是一种浸透身心的(pervasive)、整体性的(holistic)过程,意味着自我理解与真理体证的不断深化,本身就是实践的智慧学。如同阳明所言:"义理无定在,无穷尽。……再言之十年,二十年,五十年,未有止也。"(《传习录》上:22)

经由上述"道""圣人之学""经典"与"诠释者"相互关系的分析,可以得知,对于"道"或"圣人之学"的整体意义世界的期待与实践承诺,是引导宋明理学诠释经典的前提条件。作为经典"诠释者"的理学家,是"道""圣人之学""经典"三者之内容真理的探求者与体现者,他们在经典诠释时虽需要虚其心与经典对话,但仍具有积极主动的地位。因此,理学家"宗旨"的提出,亦即意谓其"经典诠释"与自身理论建构的完成,故理学家之"宗旨"与其"经典诠释"是相互建构的。

兹以阳明为例,在他长期对朱子格物穷理以求圣人之道的深究体验中,遭到数度的挫败而无所得,找不到功夫入路,甚至怀疑"圣人必可学而至"。直到居夷处困,龙场悟道才体认:"始知圣人之道,吾性自足,向之求理于事者误也。"随即证诸经典(五经),"乃以默记五经之言证之,莫不吻合,因著《五经臆说》"⑫。嗣后,因功夫入路的转向,阳明也对本体有新的体验与论述。从默坐澄心、知行合一诸功夫之琢磨精进,直至揭示"致良知"为"宗旨",才建构完足的理论体系。虽然"良知"概念,出自《孟子》,但阳明却赋予"良知"本体论的丰富意涵;而"致良知"功夫,对阳明而言,实指《大学》的"致知"。而从《传习录》上卷首则所涉及对《大学》"在亲民"的诠释,直至三易其稿的《大学古本序》,晚年的《大学问》、"四句教",阳明的"致良知"宗旨,是凭借古本《大学》而立论的。同时,阳明也以其"致知"(致良知)为主,对《大学》三纲八目,赋予全新的解释。

值得注意的是,随阳明"自觉学益精,工夫益简易",乃越过有形的"经典",以"致良知"功夫,直契圣人之心而证"道",这是以功夫来

---

⑥　《朱子语类》,卷19,页435。

⑫　钱绪山:"师居龙场,学得所悟,证诸五经,觉先儒训释未尽,随所记忆,为之疏解。阅十有九月,五经略遍,命曰《臆说》(按:《五经臆说》)。"见《年谱》一,《王阳明全集》下册,卷33,页1228。

保证经典的客观性、普遍性。阳明坚信其"致良知"宗旨,可以统摄他对儒家经典的诠释。如阳明以"良知"来诠释《易》而言:"良知即是《易》。'其为道也屡迁,变动不居,周流六虚,上下无常,刚柔相易,不可为典要,惟变所适',此知如何捉摸得? 见得透时,便是圣人。"(《传习录》下:340)他也以"体用一源"的义理架构来诠释《周易》[63]。又阳明除以"致良知"来诠释《中庸》"戒慎恐惧""不睹不闻"外,还以"致良知"诠释《中庸》"学、问、思、辨、行",所谓:"夫学问思辨笃行之功……亦不过致吾心之良知而已。"(《传习录》中:136)而阳明弟子的功夫实践,也经由经典诠释的印证来向阳明请益,故阳明于《答欧阳崇一》就以"致良知"来诠释《孟子》而言:"孟子言'必有事焉',则君子之学,终身只是集义一事。……故集义亦只是致良知。"(《传习录》中:170)甚至阳明辞世前《答聂文蔚》(第二书)的绝笔书也以"致良知"来诠释《孟子》的"必有事焉""勿忘勿助""集义",并清楚地揭示:"夫必有事焉,只是集义。集义只是致良知。说集义则一时未见头脑,说致良知即当下便有实地步可用工。"(《传习录》中:187)显然地,从阳明追求圣人之学的功夫关怀,到他龙场悟道,直至提揭"致良知"宗旨,我们看到"宗旨"与"经典诠释"的相互建构,以及经典诠释与功夫实践的密切关联。

　　然而,相对于朱熹的经典诠释,陆、王心学的"经典诠释"特别凸显"诠释者"作为经典诠释的体现者之功夫论的实践面向,及其主动性(自主性)。阳明针对弟子陆澄"看书不能明"的问题,回答道:

　　　　此只是在文义上穿求,故不明如此。……须于心体上用功,凡明不得,行不去,须反在自心体上体当即可通。盖四书、五经不过说这心体,这心体即所谓道。心体明即是道明,更无二。此是为学头脑处。(《传习录》上:31)

显然地,阳明认为经典乃透过文字文义记载心体(本体、道)的丰富意涵而传诸世,故在诠释经典时,文义的理解还须诉诸心体上用功,才

---

　　[63]　参戴琏璋:《王阳明与周易》,《中国文哲研究集刊》第17期(2000年9月),页6—9。

能体现经典、活化经典。经典诠释不只是文义的理解，而是主体身心全然的体验与体认。换言之，"经典"是由功夫而彰显其意义世界，此即阳明所言："只致良知，虽千经万典，异端曲学，如执权衡，天下轻重莫逃焉，更不必支分句析，以知解接人也。"[64]

阳明晚年（1524）讲学于稽山书院时就宣称：

> 经，常道也。……六经者非他，吾心之常道也。故《易》也者，志吾心之阴阳消息者也；《书》也者，志吾心之纪纲政事者也；《诗》也者，志吾心之歌咏性情者也；《礼》也者，志吾心之条理节文者也；《乐》也者，志吾心之欣喜和平者也；《春秋》也者，志吾心之诚伪邪正者也。君子之于六经也，求之吾心之阴阳消息而时行焉，所以尊《易》也；求之吾心之纪纲政事而时施焉，所以尊《书》也；求之吾心之歌咏性情而时发焉，所以尊《诗》也；求之吾心之条理节文而时著焉，所以尊《礼》也；求吾心之欣喜和平而时生焉，所以尊《乐》也；求吾心之诚伪邪正而时辩焉，所以尊《春秋》也。[65]

在阳明看来，六经的价值在于记载吾心之常道，"经典诠释"当求诸"吾心"，以"致良知"功夫印证经典的恒常性、普遍性、权威性。故云："六经者，吾心之记籍也，而六经之实则具于吾心。"[66]这样的经典诠释，就是"我注六经"，而注六经之"我"不是主观的小我之见，而是"圣圣相传只此心"的大我之心，当然有普遍性。

因此，当阳明确立"致良知"宗旨后，"六经注我"的经典诠释之客观性，也可能因功夫纯熟，推至极端，而越过有形的"经典"而直探圣人之心、圣人之学、圣人之道。阳明甚至说道：

---

[64]　《五经臆说十三条》中钱绪山引阳明之言，见《王阳明全集》下册，卷26，页976。又钱绪山于《答陆原静》书后亦引阳明之言云："若信得良知，只在良知上用功，虽千经万典，无不吻合。异端曲学，一勘尽破矣。"见《王阳明传习录详注集评》，页238。

[65]　王守仁：《稽山书院尊经阁记》，《王阳明全集》上册，卷7，页254—255。

[66]　同前注，页255。

> 得鱼而忘筌，醪尽而糟粕弃之。鱼、醪之未得，而曰是
> 筌与糟粕也，鱼与醪终不可得矣。五经，圣人之学具焉。然
> 自其已闻者而言之，其于道也，亦筌与糟粕耳。[67]

举凡四书、五经、六经等经典，虽使圣人之学的记载得以保存流传，但阳明并未赋予"经典"以绝对的价值。在"道"⇄"圣人之学"⇄"经典"⇄"诠释者"的诠释之圈中，对阳明而言，"致良知"纯熟后，也可能"得鱼忘筌"，"经典"作为得道之"筌"，甚至可以说是指引的工具，必须"得之而忘之"。阳明这样的经典诠释立场，与其说他极端、主观，不如说他强调的是功夫论的实践面向。当然也可以引申说，面对经典而不于良知心体上用功，经典亦是筌与糟粕而已。

　　如同阳明的"致良知"宗旨与"经典诠释"的相互建构，刘蕺山的"慎独"宗旨与经典诠释的关系亦然。黄梨洲曾指出："先师子刘子于《大学》有统义，于《中庸》有慎独义，于《论语》有《学案》，皆其微言所寄。"[68]据此，蕺山之学虽以"慎独"为宗旨，却未忽略对儒家经典的诠释与参究。甚至可以说，他原基于功夫的实践关怀，从诠释儒家经典得出"慎独"为功夫下手处，并提出"慎独"宗旨，再进而以此"慎独"宗旨来统摄儒家经典之常道。这是蕺山"慎独"宗旨与经典诠释的相互建构。

　　值得注意的是，"慎独"一词均出自《中庸》首章与《大学》诚意章，但在蕺山之前的宋明理学家，并未将两部经典的"慎独"概念与义理统合为一个独特的思想体系——慎独之学，呈现哲学的原创性。征诸蕺山《年谱》的记载，他于五十四岁揭示慎独之旨后，五十九岁"始以《大学》诚意、《中庸》已未发之说示学者"，并宣称：

> 《大学》首揭三纲，表人心之道体。次详八目，示精一之
> 全功。而执中之义已蕴于此矣。至子思直指喜怒哀乐谓之
> 中，阐尧、舜以来相传之意。其言未发之中，即意诚之真体

　　[67]　王守仁：《五经臆说序》，《王阳明全集》上册，卷22，页876。
　　[68]　黄宗羲编著：《孟子师说》，收入《刘宗周全集》第4册（台北："中研院"中国文哲研究所筹备处，1996），页627。

段，故皆以"慎独"为本教。乃知《学》、《庸》二书相为表里，
示后人以入道指诀。⑥

蕺山认为《大学》与《中庸》相为表里，《大学》"诚意"之"意"即是《中庸》之"未发之中"，意谓"本体"；《大学》之"诚意"，《中庸》之"慎独"，其义相同，均指"功夫"。据此，"慎独"为宗旨、为本教，是"入道指诀"，功夫入手处。蕺山这样的经典诠释，不同于朱子与阳明，他批评阳明以孟子的义理来诠释《大学》，终属牵强⑦，且多次论及"《中庸》原是《大学》注疏"⑦的诠释进路，主张《大学》的义理是要根据《中庸》的义理加以疏解与诠释。换言之，蕺山将《中庸》首章的"慎独"义与《大学》诚意章的"慎独"义互释，建构严密而浑无罅缝的理论。

　　蕺山不仅绾合《大学》与《中庸》的经典诠释而揭示"慎独"宗旨，他还以此宗旨，统摄儒家经典的意义世界：

　　　　《大学》之道，"慎独"而已矣；《中庸》之道，"慎独"而已
　　矣；《论》、《孟》、六经之道，"慎独"而已矣。⑦

蕺山与阳明一样，以自家的功夫来印证儒家经典诠释，所谓"古人成说如琴谱，要合拍须自家弹"⑦，一旦功夫臻至纯熟，"宗旨"确立，则儒家的经典——四书与六经——都是"慎独"的注脚。

三、从王阳明"致良知"到刘蕺山"慎独"

　　根据笔者上述对于黄梨洲以"宗旨"来标示明代理学家论学特色

---

　　⑥　《刘宗周年谱》，《刘宗周全集》第 5 册，页 354。
　　⑦　《答韩参夫》，《刘宗周全集》第 3 册上，页 422。
　　⑦　蕺山多处论及"《中庸》原是《大学》注疏"，见《大学古记约义》，《刘宗周全集》第 1 册，页 754；《学言》下，《刘宗周全集》第 2 册，页 536；《大学杂言》，《刘宗周全集》第 1 册，页 775。实则"《中庸》原是《大学》注疏"乃丰坊伪《石经大学》引汉儒贾逵《大学》以经之，《中庸》以纬之"的说法。蕺山接受丰坊伪《石经大学》，与其来自考证，不如说是来自其义理的建构所致。
　　⑦　《读大学》，《刘宗周全集》第 3 册下，页 1183。
　　⑦　《会录》，《刘宗周全集》第 2 册，页 597。

的分析与启发,可以得知,举凡学有"宗旨"的明代理学家,大都涵盖本体论与功夫论的相互建构,以及"宗旨"与"经典诠释"的相互建构。在此双重相互建构中,"宗旨"意谓自成一家之言,独立的哲学思想体系,具备理论的自主性与完足性。此理论上的自主性与完足性,用宋明理学的术语来说,即是"体用一源"。在这个意义下,理学家之"宗旨"有其客观性,可以论述、论断与评价。然而,不同理学家的"宗旨"为何转变? 如何评价? 笔者将以阳明"致良知"与蕺山"慎独"为例来说明。

就阳明"致良知"与蕺山"慎独"而言,两者之"宗旨"皆为"真"(本体论、功夫论、经典诠释),因两者都涵盖上节所分析的两重相互建构,皆有其理论的自主性与完足性。大抵而言,阳明立说来自功夫实践的关怀,因困于朱子"格物致知"(即物穷理)功夫之"外求"与"支离",乃经九死一生而悟"心即理",反求诸"良知"而得作圣入路。功夫的困境,带来本体的重新体证,而有"良知"之重构。就本体论而言,良知作为本体是"体用一源"的,所谓:"体即良知之体,用即良知之用,宁复有超然于体用之外者乎?"(《传习录》中:155)据此,未发之中与已发之和,寂与感俱是良知本体之体用。本体论(良知本体)的重构也转换新的功夫入路,并启动新的功夫论(致良知)。尤其阳明特别标举"本体功夫",本体不离功夫,功夫不离本体,二者经由实践的辩证,臻至本体与功夫合一,这是就本体论(体)与功夫论(用)来说的"体用一源"。事实上,阳明所谓"即体而言,用在体;即用而言,体在用,是谓体用一源"(《传习录》上:108),都可以从良知本体之体用不二,以及本体论与功夫论之合一来理解。蕺山也深明此理,故他也以"体用一源"来称许阳明之学:"(阳明)先生承绝学于词章训诂之后,一反求诸心,而得其所性之觉,曰'良知'。因示人以求端用力之要,曰'致良知'。良知为知,见知不囿于闻见;致良知为行,见行不滞于方隅。即知即行,即心即物,即动即静,即体即用,即工夫即本体,即下即上,无之不一,以救学者支离眩骛,务华而绝根之病,可谓震霆启寐,烈耀破迷,自孔、孟以来,未有若此之深切著明者也。"⑭显然地,

---

⑭ 《师说》,《明儒学案》,页7。

若以"体用一源"为判准来论断、评价，阳明"致良知"宗旨为"真"。

另就蕺山"慎独"宗旨的建立而言，亦是由功夫的实践关怀所启动。他不仅抨击王学"情识而肆""玄虚而荡"的流弊⑦，也对于宋明理学家诸代表性的功夫论加以检讨。他于《中庸首章说》考察周濂溪（敦颐，1017—1073）以降宋明理学家功夫论的缺失⑦。首先，他相应地指出道南学派之功夫是"以看喜乐哀乐未发前为单提口诀"，但他批判："夫所谓未发以前气象，即是独中真消息，但说不得前后际耳。"⑦乃指此功夫虽然着眼于观未发前气象来体证"本体"（独），但若不善体之，也可能将未发与已发视为时间前后关系，执意于观未发前气象而偏于静寂一机，或陷入语言道断之虚玄，有其流弊。故蕺山批评说道："然则宋儒专看未发气象，未免落于边际，无当于'慎独'之义者。"⑦其次，伊川、朱子虽恐观未发前气象偏于"静"而取"主敬"功夫，但在蕺山看来，程朱的"主敬"功夫只是形式规范，是静时的涵养功夫，故积极的功夫落在动时的即物穷理上，所谓"涵养须用敬，进学在致知"。且此两种功夫，朱子又进一步发展为静时涵养，动时察识，敬贯动静的功夫论。尤其，蕺山批评朱子以静养动察的功夫论来解释《大学》《中庸》，形成功夫的断裂。因为就《大学》而言，朱子以"穷理"功夫来诠释"格物致知"，以"慎独"功夫来说明"诚意正心"，"格致"与"诚正"功夫断为两截，知行为二。另从《中庸》来说，朱子将"戒惧"与"谨独"（慎独）相对，前者是防之于未然的静时存养功夫，

---

⑦　刘蕺山云："今天下争言良知矣，及其弊也，猖狂者参之以情识，而一是皆良；超洁者荡之以玄虚，而夷良于贼，亦用知者之过也。"（《证学杂解》，《刘宗周全集》第2册，页325）据此，牟宗三将王学流弊概括为"情识而肆""玄虚而荡"，参氏著：《从陆象山到刘蕺山》，页311。

⑦　刘蕺山云："昔周元公著《太极图说》，实本之《中庸》，至'主静立人极'一语，尤为'慎独'两字传神。其后龟山门下一派，罗、李二先生相传口诀，专教人看喜怒哀乐未发时作何气象。朱子亲受业于延平，固尝闻此。而程子则以'静'字稍偏，不若专主于'敬'，又以'敬'字未尽，益之以'穷理'之说，而曰：'涵养须用敬，进学在致知。'朱子从而信之，初学为之少变，遂以解《大》《中》，谓慎独之外，另有穷理功夫，以合于格致、诚正之说。仍以慎独为动而省察边事，前此另有一项静存功夫。"（《中庸首章说》，《刘宗周全集》第2册，页353）

⑦　《学言中》，《刘宗周全集》第2册，页485。

⑦　同前注。

后者是察之于将然的动时省察功夫，二者分为两事、两节㉙，功夫也难以归于一路，不免"支离"。

最后，蕺山虽认为阳明"致良知"功夫能补救朱子"支离"之病，但阳明"致良知"强调"致和便是致中"的功夫入路，却招致蕺山的批评。实则，阳明"致和便是致中"乃本于"因用以求其体"㉚的教法而来，蕺山却误解阳明不在本体上用功，指责阳明"致中无工夫，工夫专在致和上"，进而批评："夫文成之学，以良知为宗，而不言致中，专以念头起灭处求知善知恶之实地，无乃粗视良知乎？"㉛如此一来，阳明"致良知"即是念头既起之后的对治功夫，阳明"知善知恶是良知"只是"权教"，未能真用力于本体，功夫已落第二义了。在这个意义下，阳明"致良知"功夫因其未能"立本"（立本体），并非"本体功夫"，也是另一种"支离"之病。故蕺山批评阳明："学不知本，即动言本体，终无着落。学者但知穷理为支离，而不知同一心耳，舍渊渊静深之地，而从事于思虑纷起之后，泛应曲当之间，正是寻枝叶之大者，其为支离之病，亦一而已。"㉜蕺山这样的批评，虽对强调"本体功夫"的阳明不公允，但也意谓蕺山在本体论与功夫论的参究中，已另辟蹊径。

相较于阳明针对朱熹功夫论之弊而提出"一反观而自得"的功夫论转向，蕺山直接面对的是阳明之后"第一义功夫"（本体功夫）的重建，当然也必须涉及本体论的重探。如前所述，阳明提出"本体功夫"，将功夫论推向另一高度，其意义在于功夫的入路由经验层（意念对治）上升至超越层（本体上用功）。阳明后学追求第一义功夫的问题意识，直接贯彻至蕺山的慎独功夫论中㉝。蕺山强调：

> 不识本体，果如何下工夫？但既识本体，则须认定本体

㉙ 《朱子语类》记载："'戒慎'一节，当分为两事。'戒慎不睹，恐惧不闻'，如言'听于无声，视于无形'，是防之于未然，以全其体；'慎独'是察之于将然，以审其几。"（卷62，页1502）

㉚ 阳明云："夫体用一源也，知体之所以为用，则知用之所以为体者矣。虽然，体微而难知也，用显而易见也。……君子之于学也，因用以求其体。"（《答汪石潭内翰》，《王阳明全集》上册，卷4，页146—147）

㉛ 《学言中》，《刘宗周全集》第2册，页498—499。

㉜ 《中庸首章说》，《刘宗周全集》第2册，页354。

㉝ 参陈立胜：《从"修身"到"工夫"——儒家"内圣学"的开显与转折》，页377。

　　用工夫，工夫愈精密则本体愈昭荧。[84]

戴山所谓"认定本体用工夫"，实乃阳明的"本体功夫"，也是阳明后学的"第一义功夫"。戴山虽赞同阳明的"本体功夫"，但他对于阳明与阳明后学追求第一义功夫的入路，却有所批判。戴山的批判，集中在致良知不免"发处用功"、困于"念起念灭"。就"发处用功"来说，阳明曾说："本体上如何用功？必就他发处，才得着力。致和便是致中，万物育便是天地位。"（《传习录拾遗》：24）故阳明及其亲炙弟子大多以"致和便是致中"（致和以致中）为师门教法。但若不善解阳明"致和便是致中"是基于"致良知"功夫"因用以求其体"的显教入路，就会误以为"致良知"只在意念已发处用功，良知本体无法用功，这与阳明的"本体功夫"或阳明后学的"第一义功夫"相抵触。

　　另就"念起念灭"的功夫困境来说，阳明"四句教"的第二句"有善有恶意之动"引发不少的质疑，致使第三句"知善知恶是良知"之"致知"（致良知）也沦为"权教"，而非"本体功夫"或"第一义功夫"。实则，阳明晚年以"四句教"来总括"致良知"，虽立论明确，但弟子理解有别，不免造成阳明后学对于"致良知"功夫的异解与异议。如第一句"无善无恶心之体"虽启发王龙溪"四无"之玄思，却也导致晚明有关"性善"的辩论。又如第二句"有善有恶意之动"所引发"念起念灭"的功夫困境，是否有彻底解决之道？也引发弟子曲折的功夫历程。就阳明而言，"凡意念之发，吾心之良知无有不自知者。其善欤，惟吾心之良知自知之；其不善欤，亦惟吾心之良知自知之，是皆无所与他人者也"[85]。故一旦意之动则良知之"自知"（知善知恶）立即呈现发用而对治之，"知善知恶是良知"对"有善有恶意之动"有超越的主宰与明察作用，诚意的根据在于致知（致良知），此即阳明所谓："故致知者，诚意之本也。"[86]致知才是功夫着力、得力之处。事实上，阳明弟子如钱绪山、邹东廓、陈明水（九川），都经过数变的功夫摸索，才体

---

[84]　《会录》，《刘宗周全集》第 2 册，页 600。
[85]　《大学问》，《王阳明全集》下册，卷 26，页 971。
[86]　《大学古本序》，《王阳明全集》上册，卷 7，页 243。

认"有善有恶意之动"必须就良知本体用功，才能免于"念起念灭"的功夫困境。

然而，蕺山对阳明"四句教"也不免错解。他将"有善有恶意之动"与"知善知恶是良知"视为先后、对待关系，亦即，善恶之意念既起后，良知再寻求对治，如是，良知总是落后于意念之动，致良知功夫反而繁难，"未免灭于东而生于西"[87]，病根无法尽除。在此错解下，"诚意"功夫反而不能彻底净化意念，"致知"功夫成为"权教"，都不是"本体功夫""第一义功夫"。故蕺山以"知为意奴"[88]批判阳明的"良知"，他也必须另立"四句"[89]。

蕺山与错解阳明"发处用功"、陷入"念起念灭"困境中的某些阳明后学一样，必须唤醒"本体工夫"[90]，重建"第一义功夫"。显然地，蕺山重建功夫论，必从本体论的重建着手，故言："不识本体，果如何下工夫？"由此展开本体论与功夫论的相互建构。就蕺山的"慎独"宗旨言，"独"为本体，面对阳明以"良知"为本体，他从《中庸》与《大学》的"慎独"之"独"来识认本体。蕺山指出："《中庸》之'慎独'与《大学》之'慎独'不同。《中庸》从不睹不闻说来，《大学》从意根上说来。"[91]若用蕺山的学术术语来说，《中庸》之"慎独"从"性宗"立论，"独"作为本体，谓之"独体"（不睹不闻）、"性体"（天命之谓性）、"中体"（未发之中），其义一也，彰显性天之尊的超越性；且独体之妙，"推之而不见其始，引之而不见其终，体之动静显微之交而不见其有罅隙之可言，亦可谓奥衍神

---

[87]　程明道《定性书》（答横渠张子厚先生书）云："苟规规于外诱之除，将见灭于东而生于西也。非惟日之不足，顾其端无穷，不可得而除也。"（《河南程氏文集》，卷2，《二程集》，页460）阳明弟子针对如何致良知也有此困惑，见《传习录》：161。

[88]　蕺山批判阳明"良知"云："知善知恶，知在善恶之外。……知在善恶外，第取分别见，谓之良知所发则可，而已落第二义矣。且所谓知善知恶，盖从有善有恶而言者也。因有善有恶，而后知善知恶，是知为意奴也。良在何处？"（《良知说》，《刘宗周全集》第2册，页372）

[89]　刘蕺山的"四句"为："有善无恶者心之动，好善恶恶者意之静，知善知恶者是良知，为善去恶者是物则。"（《学言上》，《刘宗周全集》第2册，页459）相关研究参黄敏浩：《刘宗周"四句"的诠释》，《中国文哲研究通讯》第8卷第3期（1998），页104—116。

[90]　陈立胜的分析极为精辟，参氏著：《从"修身"到"工夫"——儒家"内圣学"的开显与转折》，页368—380。

[91]　《学言上》，《刘宗周全集》第2册，页448。

奇，极天下之至妙者矣"㉜。在这个意义下，"独体"既是天地万物的终极根源，也是创生化育万物的根源性动力。"独体"是"体用一源"之本体，故蕺山说："《中庸》是有源头学问，说本体先说个'天命之性'，识得天命之性，则率性之道、修道之教在其中。说工夫只说个'慎独'，独即中体，识得慎独，则发皆中节，天地万物在其中矣。"㉝

至于《大学》之"慎独"，则从"心宗"持论，强调意根主宰的内在性。亦即，《大学》之"慎独"即是"诚意"，"意"作为"本体"，其一，指"意"为心之主宰，"意者，心之所以为心也"㉞，"心之主宰曰意"㉟，犹如"定盘针"，有其"定向"㊱，并非"心之所发"，而是"心之所存"，是"心之所以为心"的至善之体。其二，"意"之主宰，就在意之"好善恶恶"的道德决断中呈现。"好善恶恶"是意之"自好自恶"，也是意之用，所谓："既自好自恶，则好在善，即恶在不善；恶在不善，即好在善，故好恶虽两意而一几也。"㊲如是，就"心宗"而言且作为本体之"意"，即是"心体"（心之所以为心），也是"体用一源"之本体。

犹有进者，《中庸》之"性体"（独体）与《大学》之"心体"（意根）均为"体用一源"之体，二者有内在的义理关联，相互建构，此即蕺山所言"性体即在心体中看出"㊳，作为存有根源的超越性体（性天之尊），即从心体之主宰发用中呈现。总之，从蕺山凭借《中庸》《大学》之"慎独"来重建本体而言，"以性定心""以心著性"㊴必须双向领会

㉜ 《中庸首章说》，《刘宗周全集》第 2 册，页 352。

㉝ 《学言上》，《刘宗周全集》第 2 册，页 449。

㉞ 《答董生心意十问》，《刘宗周全集》第 2 册，页 397。

㉟ 《学言下》，《刘宗周全集》第 2 册，页 528。

㊱ 蕺山云："心所向曰意，正如盘针之必向南也。"（《商疑十则答史子复》，《刘宗周全集》第 2 册，页 404）

㊲ 《学言下》，《刘宗周全集》第 2 册，页 522—523。

㊳ 《学言上》，《刘宗周全集》第 2 册，页 448。

㊴ 牟宗三在其宋明理学三系说的判定中，指出刘蕺山的义理形态是"以心著性"，深具原创性。参氏著：《从陆象山到刘蕺山》，页 453—458。学界赞成或质疑的论点有之。如黄敏浩提出"尽心即性"来区分"以心著性"的不同。参氏著：《刘宗周及其慎独哲学》（台北：台湾学生书局，2001），页 240—251。笔者则认为，若单就刘蕺山思想而言（不涉及胡五峰），蕺山心、性思想当是"以性定心""以心著性"的双向建构。李明辉也主张此说法，参氏著：《刘蕺山对朱子理气论的批判》，《四端与七情——关于道德情感的比较哲学探讨》（台北：台大出版中心，2005），页 167。

与建构,才能显示蕺山本体论的独特性。

相应于蕺山"性体"(独体)、"心体"(意根)双向建构的本体论,蕺山的功夫论也有其独特性。与阳明后学一样,蕺山追求的是"第一义功夫",故蕺山"慎独"(诚意)功夫,也必定是"合于本体"的"本体功夫",而非在"念起念灭"或"(意念之)发处用功"。据此,就《中庸》所言之"慎独"功夫,"慎"即是"戒慎恐惧"功夫,蕺山的诠释是:

> "戒慎恐惧"四字下得十分郑重,而实未尝妄参意见于其间。独体惺惺,本无须臾之间,吾亦与之为无间而已。惟其本是惺惺也,故一念未起之中,耳目有所不及加,而天下之可睹可闻者,即于此而在。冲漠无朕之中,万象森然已备也,故曰"莫见莫显"。君子乌得不戒慎恐惧、兢兢慎之,慎独而见独之妙焉。[100]

既然"独体惺惺",则只能于"独体"用"戒慎恐惧"功夫,而"戒慎恐惧"(慎)作为立大本(独体、性体)的第一义功夫,其具体功夫则是"未尝妄参意见于其间"。在这个意义下,"慎独"是极精微的"无工夫之工夫",故蕺山乃言:"天下未有大本不立而可从事于道生者,工夫用到无可着力处,方是真工夫,故曰:'勿忘勿助,未尝致纤毫之力。'此非真用力于独体者,固不足以之知也。"[100]

另就《大学》而言的"诚意"功夫,也不是在憧憧往来的"念起念灭"上用功,而是在至善之"心体"(意根)上用功。换言之,蕺山的"诚意"功夫,也是"本体功夫""第一义功夫"。如同《中庸》"慎独"之"慎"(戒慎恐惧)一样,《大学》"诚意"之"诚",也是"无可着力"之"真工夫"。蕺山相应其"好善恶恶"之"意"的本体论,对于"诚意"功夫有别解:

> 然所好在此,所恶在彼,心体仍是一个。一者,诚也。

---

⑩ 《中庸首章说》,《刘宗周全集》第 2 册,页 351。
⑩ 同前注,页 354。

意本一，故以诚还之，非意本有两，而吾以诚之者一也。⑩

又说：

然读《大学》本传，"如好好色，如恶恶臭"，方见得他〔意〕专主精神只是善也。意本如是，非诚之而后如是，意还其意之谓诚。⑩

在蕺山的诠释下，"诚意"之"诚"并无对治义，而是"以诚还之""意还其意"。具体地说，即是"繇敬入诚"，顺本体（意根、心体）之本然而存之、保任之，使意还其本位、不离本位，时时作主，复归"心所存主"的至善之"意"而如实呈现⑩。在这个意义下，蕺山的"慎独"或"诚意"功夫，都是识得本体的保任功夫，"未尝致纤毫之力"是功夫的下手处，也是合于本体的"本体功夫""第一义功夫"。故蕺山乃言："工夫愈精密则本体愈昭莹。"黄梨洲也说："学者但证得性体分明，而以时保之，即是'慎'矣。'慎'之工夫，只在主宰上，觉有主，是曰意，离意根一步，便是妄，便非独矣。故愈推致，然主宰亦非有一处停顿，即在此流行之中。"⑩

承上所述，蕺山"慎独"宗旨之功夫论，是将《中庸》（慎独）、《大学》（诚意）绾合为一，因"识得心一性一，则工夫亦一。静存之外，更无动察；主敬之外，更无穷理。其究也，工夫与本体亦一"⑩，故蕺山所重建的本体论与功夫论，也是"体用一源"——本体与功夫合一。就此而言，蕺山"慎独"宗旨，相较于之前提及"慎独"的理学家，本体论与功夫论双彰，诚如黄梨洲所言："儒者人人言慎独，唯先生始得其真。"

---

⑩ 《学言下》，《刘宗周全集》第 2 册，页 523。
⑩ 同前注，页 521。
⑩ 牟宗三指出蕺山"慎独"之学，即如意之实而实之，即恢复意体之实而呈现之。参氏著：《从陆象山到刘蕺山》，页 478。
⑩ 《蕺山学案》，《明儒学案》，卷 62，页 1512。
⑩ 《中庸首章说》，《刘宗周全集》第 2 册，页 353。

值得一提的是，若从宋明理学"内圣之学"的发展脉络⑩，或是"诚意"功夫论述来看⑩，不能忽略蕺山"慎独"宗旨。因为，蕺山将《中庸》与《大学》之"慎独"相互建构，揭示"慎独"之学，使宋明理学的功夫论与本体论推向另一高峰，的确是宋明理学的殿军。陈立胜深具卓识地指出，《大学》所指点的"慎独"是宋明理学家（理学或心学）共同关注的功夫论课题。其中，朱子以"人所不知而己所独知之地"来解释《中庸》《大学》"慎独"之"独"，相较于汉唐儒者"闲居""独处"之注解，朱子创造性地将"独"理解为私己、隐秘的心理空间，使"一念萌动"的觉察成为"慎独""诚意"功夫的关键，开启儒家"慎独"传统的"朱子时刻"。阳明又以"良知"来解释"独知"，所谓"无声无臭独知时，此是乾坤万有基"，显示"独知"之"独"是"既超越又内在"的本体。而阳明后学因"念起念灭"与对"发处用功"的质疑，乃有"本体工夫"意识的觉醒。于是在阳明后学的发展中，逐渐明辨阳明本有"意念之念"与"良知"本体"戒惧之念"的不同，进而由"独"到"几"的不同理解，"意"与"念"得以对待分立，直至刘蕺山将"独""几""意"通而为一，提出"慎独"之学。这是以"独知"功夫为主导，呈现宋明理学由外向内不断深化的过程⑩。不过，若以"慎独"功夫为主轴来思考，或可再作补充。

事实上，朱子虽提出"独知"一词，使意谓吾人隐微意念之动的"独"，内转为功夫对治的对象，但"独知"并未成为重要的功夫概念。相对地，意念将萌之所以能被对治，在于心能于已发时做"遏人欲于将萌"的察识功夫。换言之，能对治意念之正不正，在于"心"之"虚灵知觉"的辨明，由此"独知"之"知"才具有实质的功夫意涵。朱子"独知"之"知"实指"心"的"虚灵知觉"作用。然而，作为朱子功夫论的实践主体之"心"，是"气之灵"，本身无法自立道德法则，故"独知"之

---

⑩　陈立胜《从"修身"到"工夫"——儒家"内圣学"的开显与转折》一书对儒家"内圣之学"的发展与转折，有精彩的论述与分析，但蕺山部分着墨不多，或可增补。

⑩　郑泽绵《诚意关——从朱子晚年到王阳明的哲学史重构》（北京：人民出版社，2022）一书，以诚意与自欺问题为中心，以"诚意史观"相容和取代"格竹叙事"，重构从朱子晚年到阳明的哲学逻辑进程，颇有洞见。但此哲学史重构，亦未能论及刘蕺山"慎独"（诚意）之学，殊为可惜。

⑩　参陈立胜：《从"修身"到"工夫"——儒家"内圣学"的开显与转折》，第9章—12章。

"知"并非阳明意义上的"良知"，更非"良知之自知"⑩。如是，针对"慎独"而言的已发时的"察识"功夫，终究不能彻底对治隐微的意念，"诚意"功夫也成为朱子终身思考的焦点。且由于朱子将"慎独"（谨独）与"戒惧"分属动察（动时察识）与静存（静时存养），遂使朱子功夫论不免有沦为"两事""两节"的支离之弊。

同样地，阳明以"良知"解释"独知"，强调的重点在"知"（良知）不在"独"。与朱子不同的是，"独知"之"知"即是"良知"本体，亦是良知之自觉、自知、自证、自致。相较于朱子"独知"仅限于意念人欲将萌之动时察识功夫，阳明之"独知"意谓"良知"，而在"独知"本体用功的"致良知"功夫，实涵盖吾人整个心灵生活，通贯"已发/未发、动/静、寂/感"，甚至扩充至"万物一体"。故阳明诗云"无声无臭独知时，此是乾坤万有基"⑪，明确地显示"独知"作为"良知"本体的内在义、超越义、绝对义。

如同陈立胜所指出的，阳明虽然以"独知"作为良知本体，但还未意识到以"独"为本体，也未提出"独体"的观念。首先提出"独体"观念的是湛甘泉，而在阳明后学有关"独"与"独知""良知"与"知是知非"的争辩中，"独体"意识日趋主题化⑫。虽然如此，直到刘蕺山提揭"慎独"之学，"独体"与"慎独"功夫，才在本体论与功夫论上取得完整而独立论述的地位。简言之，蕺山之"独体"从朱子、阳明之"独知"概念中超拔出来，指涉性天之尊（性体）与意根之微（心体），"独体"真正显示本体的超越义、绝对义、内在义。"慎独"功夫则紧扣"本体功夫""第一义功夫"而成为"无功夫之真功夫"，极其精微细密。宋明理学的"慎独"功夫，由朱子启动，历经阳明、阳明后学，直至刘蕺山，在本体论与功夫论的相互建构中，呈现"超越内在一元论"⑬的特色，

---

⑩ 陈立胜认为朱子讲"独知"，实际上已预设此独知乃是"良知之自知"（《从"修身"到"工夫"——儒家"内圣学"的开显与转折》，页399），此或可从理论后设的角度来说，但朱子的"独知"之"知"并非阳明意义上的"良知"，而是指"心"之"虚灵知觉"的作用。

⑪ 《咏良知四首示诸生》之四，《王阳明全集》上册，卷20，页790。

⑫ 参陈立胜：《从"修身"到"工夫"——儒家"内圣学"的开显与转折》，页324。

⑬ 刘述先认为刘蕺山思想有"内在一元论"倾向，使超越之义完全减煞，参氏著：《黄宗羲心学的定位》（台北：允晨文化实业公司，1986）。李明辉则以"超越内在一元论"凸显蕺山思想，参氏著：《刘蕺山对朱子理气论的批判》，页151。笔者赞同李明辉之说。

亦即,本体愈超越愈内在、愈内在愈超越,功夫亦然。黄梨洲描述蕺山晚年"慎独"的功夫实践是:"晚年愈精微,愈平实,本体只是些子,工夫只是些子,仍不分此为本体,彼为工夫,亦并无这些子可指,合于无声无臭之本然。从严毅清苦中,发为光风霁月,消息动静,步步实历而见。"⑭由此可见,蕺山实乃其"慎独"宗旨的体现者、见证者!

总之,阳明"致良知"与蕺山"慎独",若以"体用一源"为理论判准来衡定,则皆能证成两大理学家之"宗旨"为"真"。而从阳明"致良知"到蕺山"慎独"的宗旨之转换,有其义理的必然性,凸显宋明理学如何在本体论与功夫论的相互建构中,展示内容真理的客观性与普遍性。

四、结语：本体论、功夫论、经典诠释三合一

由于西学东渐之故,20 世纪初至当代中国哲学的研究者,似乎"遗忘功夫",排除传统中国哲学"功夫论"于哲学论述之外。然而,以儒家哲学为例,儒家的"心性之学"(内圣之学,成德之教)不只是现代知识体系中的"道德哲学"而已,而是以功夫实践关怀为进路所臻至的"道德的形上学"(moral metaphysics)。宋明理学近六百年有关心性之学的深究与践行,无疑为当代中国哲学"功夫论"(第二序功夫论)的建构,提供宝贵的理论资源。

在笔者看来,在当代中国哲学论述脉络下的"功夫论",是一套可以被客观论述、评价的理论,而非仅是说明实践功夫如何进行的方法或技术(技艺,如静坐),故是"第二序功夫论"。然则第二序功夫论的建构,需要包含哪些理论面向? 实乃本文关注之处。本文从黄梨洲论理学家"学有宗旨"切入,通过"宗旨"所蕴含的理论资源与启发,提出理学家建构其"宗旨",含有两重的理论建构,一是本体论与功夫论的相互建构,一是宗旨与经典诠释的相互建构。前者涉及本体自身之"体用一源",以及本体与功夫之"体用一源"(本体与功夫合一),后者凸显"经典诠释"的重要性。简言之,本体论、功夫论之"体用一

---

⑭ 黄宗羲:《子刘子行状》,收入《刘宗周全集》第 5 册,页 45—46。

源"，以及"宗旨"与"经典诠释"的融贯，是客观论述、评价理学家"宗旨"的理论判准。本文也以阳明"致良知"、蕺山"慎独"为例，揭示三者在理论建构上的交互作用与内在统一性。

职是之故，我们可以从宋明理学家"宗旨"的启发，思考当代中国哲学"功夫论"（第二序功夫论）的建构。其一，"功夫论"的建构，不是从思辨性的道德哲学或践行学（praxiology）、行为理论（action theory）与实用主义等入手⑬，依旧要本于传统儒家实践关怀的功夫进路（第一序功夫论）。其二，"功夫论"不能孤立地谈论，必须紧扣本体论、功夫论（第一序功夫论）立论，亦即，第二序功夫论必与内容真理联结，有其形上学或存有论的向度。其三，"功夫论"的建构，需要开展"经典诠释"的诠释学面向。这是借由宋明理学家建立"宗旨"之实践与理论的启发，所提供给当代中国哲学"功夫论"之建构的理论资源。

面对科技当道与 AI 来临的后现代存在处境，人类是否仍有探索内容真理的渴望？是否仍有朝圣者的意识？是否仍需要经典的指引？在在挑战当代中国哲学所欲建构的"功夫论"，也考验中国哲学的未来发展。

---

⑬　倪培民思考儒家功夫哲学时，认为西方哲学的践行学（praxiology）、行为理论（行动理论，action theory）和实用主义等理论，其重视实践的倾向与中国传统哲学的倾向比较接近。参氏著：《儒家功夫哲学论》，页 29。

能力取径视野下的儒家社会实践

——以梁漱溟的乡村实践为例[*]

梁奋程[**]

内容提要：本文基本上分两个部分。第一部分处理的是现代学者以国家—社会关系框架理解下的中国社会，并将之与梁漱溟著名的以伦理本位社会理解中国社会的立场对扬，正因为两者的理解不同，梁漱溟采用的正当性（legitimacy）路径就显示出他的特别之处，笔者进而推断出梁漱溟不将政治正当性直接定位在政治层面条件的满足，诸如国家提供人民各种福利服务，而是透过社会层面的伦理性之重新建立正当性，即他基本上将正当性问题之解决放在新礼俗的建立之上。本文的第二部分引入沈恩（Amartya Sen）的能力取径（the capability approach）重新理解梁漱溟的乡村建设构想，希望在今日的我们能够更好地理解，透过乡村建设以建构新礼俗的意涵，即是一种赋能（empowerment）的做法。

关键词：梁漱溟，沈恩（Amartya Sen），能力取径，乡村建设

一、前　言

我们在今天应该如何看待梁漱溟（1893—1988）上世纪 30 年代所从事的社会实践？梁漱溟构想乡村建设的目的是救济乡村，救济乡村为的其实是保存传统文化。我们都知道那时候，因为西方文化的冲击与压力，让中国内部生变，产生李鸿章所说的"数千年未有之变局"，那是个回应西方现代化挑战的时代。忧心国事的人都急于让中国吸收西方文化，学习西方的工业化与都市化，或总的来说"现代化"。对当时的人来说，传统文化是人们实现自由的阻碍，而相反的，

---

　* 本文承蒙匿名审查人给予宝贵的修改意见与建议，深表谢忱，并对耐心协助笔者的曾诵诗执行编辑致以谢意。

　** 东海大学哲学系助理教授。（电邮：fcleung@ thu.edu.tw）

我们是否也可以主张传统文化也有助于实现人们的自由呢？人们是否只能选择"全盘西化"才能达至自由？传统文化可以在消除人们的不自由(或消除不正义)与增进福祉中扮演什么角色？笔者以为,梁漱溟的乡村建设构想可以回答上述问题,他的构想能够令生活在传统文化中的人民重新拥有生命的品质,传统文化构成了人们的共同认同与价值。笔者认为,我们可以借鉴沈恩(Amartya Sen)的能力取径(the capability approach)来架构梁漱溟的构想。基本上,沈恩认为让人们有选择的能力才是自由,而人们的能力(像是摄取足够营养、长寿、融入团体生活、培养一展抱负的技能等)的种种组合影响了我们的生活。本文有两个主要的论点。第一,在梁漱溟乡村建设构想的视野下,政治正当性问题的入手点不在通常理解的政治领域提供的功能或投票等政治行为,而是在社会层面提供人民长久稳定生活的伦理礼俗。梁漱溟的乡村建设正好可以为更新逐渐衰败的传统礼俗提供出路,并且成为未来政治正当性的基础。第二,借鉴沈恩的能力取径去重新理解梁漱溟的乡村建设构想是必要的,因为除非乡村建设可以纳入能力取径的框架,否则无法创建出梁漱溟想要完成的新礼俗,探问乡村建设如何让文化赋予人们能力而不是妨碍能力的施展,正是本文的焦点。以下第二节就先讨论梁漱溟在国家—社会关系下对于正当性问题之思考[1],这个正当性问题涉及社会秩序之建立与维护,本文将之与当代西方学者 Daron Acemoglu 与 James A. Robinson(以下简称 A&R)的论述作一对照,以显示出梁漱溟的独特分析。

二、国家与社会关系视野下的乡村建设：
A&R 框架与梁漱溟理解的差异

我们要了解梁漱溟的乡村建设构想,必须先了解梁漱溟对中国当时的国家与社会关系的观察与理解。对梁漱溟来说,理解国家与社会关系的关键点在于秩序之建立与维护,这隐然指向国家的正当

---

[1] 尽管梁漱溟并没有对正当性问题进行显题式的思考,但我们还是可以根据他的说法指出,他的论述的确在思考正当性问题。

性问题。梁漱溟认为：

> 任何一社会,都要在一种社会秩序下,进行他的社会生活;而且一个国家,必有其秩序。——国家与秩序是二而一、一而二的。是秩序就有保全(尽管他是一个不平等的秩序),所以无论如何的不利(尽管他怎样严重的榨取剥削或妨碍),都不致作牺牲。其故即在一个统治力下,统治的一面、被统治的一面,总不过是两面。此两面有时对立、有时相依,成为一个结构,此一面也少不得那一面,如何能不留余地毁灭他呢? 但中国此刻不然,他不是两面,而仿佛分成三面了,此一政府与彼一政府为对立形势,乡村社会落于第三者地位。从国际的、国内的许多关系上,都表现有统一的要求,而政府间也有不容第二者存在的互相排斥性。但又到底不能浑一全宇,建立唯一的统治力。②

我们从这段引文,可以得知"国际"与"国家"两个层面,国家层面又分为"政府"(可谓"狭义的国家")与"社会"两面。在国际层面,众所周知那时候的中国被列强入侵,无法捍卫外在主权(external sovereignty)。在国家层面,表现为军阀割据,这也就是内在主权(internal sovereignty)无法得以伸张,国内秩序荡然无存,乡村社会因此受害③。在国家与社会关系的架构下,国家并没有发挥正常的功能,即建立并维护秩序。我们可以根据 Daron Acemoglu 与 James A. Robinson 在《自由的窄廊》中所提出的"红皇后效应"(Red Queen Effect)更好地理解国家与社会关系：

---

② 梁漱溟:《乡村建设理论》,《梁漱溟全集》第 2 卷(山东:山东人民出版社,1990),页 154。

③ 根据 Alan James 的说法,主权(sovereignty)概念,有三个层面,它是一种法律的(legal)、绝对的(absolute)与单一的(unitary)状态。第一,就法律特征而言,有独立的宪法配置与落实;第二,这种宪法的配置有绝对性,宪法的独立性不是程度的概念;第三,主权是一个单一概念,主权是一个整体,宪法的独立性意味着,除了主权者外,没有别的行动者可以决定疆域内或外的事务。参阅 Alan James, "The Practice of Sovereign Statehood in Contemporary International Society," *Political Studies* 47.3 (1999): 462–464。

"红皇后效应"是指你为了维持原有的地位,而必须不断地向前跑;就像国家和社会跑得很快,目的是为了两者之间的平衡。在卡洛尔的小说中,所有的奔跑全都是白费功夫,但在社会和国家巨灵的斗争中并非如此。如果社会松懈下来,跑得不够快,不能跟国家的成长并驾齐驱,受制约的国家可能会快速变成专制国家。我们需要社会的竞争,以便保持国家巨灵受到约束。国家愈强大、愈能干,社会就必须变得愈强大、愈警觉。我们也需要国家巨灵继续奔跑,在面对艰难的新挑战时,壮大自己的能力,同时维持自主性,因为这样不但攸关解决争端和公正无私地执法,也攸关打破规范的牢笼。这一切听来都相当杂乱无章(所有这一切奔跑!)我们会发现,情形经常就是这样:虽然杂乱无章,我们却必须依赖红皇后效应,促进人类的进步和自由。但是,红皇后本人会在社会与国家的权力均衡中,在其中一方忽而超前、忽而落后之际,制造很多的波动起伏。[④]

20世纪20、30年代的中国刚好处于国家无法提供秩序的极端状况。在 A&R 红皇后架构的视野下,当时的中国陷入弱国家与弱社会的处境。正如梁漱溟所指出的"乡村社会落于第三者地位",具体而言,中国当时的内战不断,梁漱溟亲身的观察是:"战争是常;不战是暂,或说是战争的休息、再战的预备。如中国养这么多的兵,完全不是为的国防,而是内部问题。四川一省养兵最多,甲于各省,即为其内部分裂,又仿佛中国的小缩影。民国二三十年的日子,就这样常常处于一种临时状态中。"[⑤]

然而,这是否意味着根据 A&R 的红皇后架构,一旦国家政治统一后,就将在一定程度上提供与稳定秩序,社会也可以慢慢恢复力量,让国家与社会重新进入红皇后的效应的竞合关系中呢? 笔者以为 A&R 的这种设想不符合梁漱溟对他那时候中国情况的理解。

---

④　Daron Acemoglu、James A. Robinson 著,刘道捷译:《自由的窄廊:国家与社会如何决定自由的命运》(新北市:卫城出版,2020),页97。

⑤　梁漱溟:《乡村建设理论》,页155。

　　A&R 的做法基本上是以"红皇后效应"作为概念框架检视世界历史中各个地区的国家与社会关系。根据这个框架,中国自汉代开始,国家就进入在法家与儒家思想之间摆荡的格局,国家正当性基于三条原则:第一,皇权至上的主权概念;第二,贤能政治;第三,皇帝对人民的福祉有道德责任。笔者以为,这三条原则基本上是儒家的原则,并以道德约束政治权力,而将重点放在约束皇权。相对于儒家的德治(virtue politics),众所周知法家用的是"高压手段"⑥,法家否定道德价值,它的"法治"是以法(即广义的法律)作为皇帝的统治工具。A&R 对儒家在政治上占据优势的局面有以下的理解:基于皇帝在意的是政权与统治的稳定,他因此可以为了维护政权冻结或减少税收与劳役,这在某种程度照顾到人民的福祉,皇权将尽量避免介入社会的自主运作,虽然这样做会同时让国家提供公共服务的能力降低⑦。不过,一旦统治者意识到开放的社会有威胁政权的可能就会收紧政策,而这是法家占据优势的时期⑧。在 A&R 的叙述下,在儒家与法家思想之间摆荡成为理解中国历史的主轴,在儒家思想当道的时期,社会比较有自主的可能性,而在法家思想当道的时期,社会力量就被限缩。长久以来因为皇权至上,所以中国社会处于被动,代表着国家的皇权只要限缩社会的自主性,社会根本没有能力制止。站在 A&R 的红皇后效应思考下,中国社会无法与国家并肩,基本上维持着国家强/社会弱的局面。换句话说,社会不够强壮,国家巨灵不受制约,该国的人民就无法进入由国家与社会共同建构的自由窄廊中。

　　然而,A&R 的架构是否可以套用中国的情境,对梁漱溟来说是值得质疑的。这是因为梁漱溟与 A&R 对国家的角色之理解有着根本的不同,梁漱溟身处的中国之失序,对他而言部分可归因于中国政治无法统一,但更关键的是,以往提供秩序与安定的文化失去过去的功用。梁漱溟的说法是:"中国不象国家,而只是一个社会,是一个文化体。"⑨一旦做出这种论断,对中国的国家与社会关系的认识当然就跟

---

⑥　Acemoglu、Robinson 著,刘道捷译:《自由的窄廊》,页 288。
⑦　同前注,页 290、297。
⑧　同前注,页 292—293。
⑨　梁漱溟:《朝话》,《梁漱溟全集》第 2 卷,页 98。

A&R 完全不同,国家与社会并不是处于对等关系的双方。梁漱溟因而有进一步的诊断:中国的问题其实是"文化失调"⑩,中国社会的文化指的是表现为礼俗与法治的秩序,这也是说,社会秩序的制订与维系并不在上层的国家政府,而是在下层的社会文化。虽然千年历史历经改朝换代,但是这个旧有的社会构造以及其秩序并没有崩溃,经历短暂动荡后都可以恢复原貌。梁漱溟称中国传统社会的特征为"伦理本位、职业分立"⑪。这跟西方国家的阶级统治不同,因而中国的秩序之源,即正当性的诉求与西方不同:"从来中国社会秩序所赖以维持者,不在武力统治而宁在教化;不在国家法律而宁在社会礼俗。"⑫这可以看得出来礼俗在中国的重要性。梁漱溟的这种看法可以在历史学者的研究上找到支持,萧公权在他的《中国乡村:论 19 世纪的帝国控制》中就指出:"清朝统治者追随以前各朝统治者的脚步,采取思想控制手段,试图维持对其臣民的牢固掌控。他们发现,强调社会责任和人伦关系的宋代的程朱学派,是达成这一目的最有用的工具。"⑬清朝的具体做法是建立乡约宣讲的政策,派遣儒生到各地方乡村宣扬讲解顺治皇帝的《六谕》,以及后来康熙皇帝的《圣谕十六条》。乡约宣讲的具体内容是儒家的伦理道德,像是在社会伦理关系上,宣扬孝顺父母、恭敬长上、和睦乡里,在生计方面,宣扬节俭,还有涉及教育与社会秩序面的各种规范⑭。我们可以如下解读清朝或中国历代统治者的做法:统治者了解到稳定中国秩序的关键在于社会面的乡村伦理,单靠高压统治无法长治久安⑮。

因此,根据梁漱溟的理解,我们就必须重新看待中国的国家与社会关系,而我们无法套用 A&R 的红皇后效应框架来理解中国的这种

---

⑩　梁漱溟:《乡村建设理论》,页 162、164。

⑪　同前注,页 167。

⑫　同前注,页 179。

⑬　萧公权著,张皓、张升译:《中国乡村:论 19 世纪的帝国控制》(台北:联经出版,2014),页 217。

⑭　同前注,页 218—221。

⑮　值得注意的是,梁漱溟的乡村建设理念不是要回到清代的乡约宣讲模式,即统治者由上而下的宣导模式,清朝对乡约的重视在于乡约有着提倡忠君与稳定社会的功能。梁漱溟指出:"不过此处所谓乡约,非明、清两代政府用政治力量来提倡的那个乡约,而是指着当初在宋朝时候,最初由乡村人自己发动的那个乡约。"梁漱溟:《乡村建设理论》,页 320。

新局面。我们可以说,一直以来社会都是强社会,因为秩序来自社会伦理礼俗,国家可强可弱,但无论如何却无法破坏社会,一直到西方文化冲击之后,乡村社会无法提供秩序,梁漱溟才提出需要改弦易辙,建立新礼俗。

笔者认为,梁漱溟乡村建设构想下的新礼俗可被纳入政治正当性或证成性的脉络中被理解。对于政治正当性(political legitimacy)的概念,根据韦伯(Max Weber, 1864—1920)的分类,政治正当性的三种类型是:第一,诉诸合法性(legality)或法律权威(legal authority);第二,诉诸传统权威(traditional authority);第三,诉诸魅力(charismatic authority)⑯。现代学者赵鼎新根据韦伯的分类调整为以下三种类型:第一,意识形态正当性;第二,程序正当性;第三,绩效正当性⑰。赵鼎新把韦伯的传统正当性与魅力正当性统摄在意识形态正当性之内;把法理正当性扩大为包括政治程序的程序正当性;新增绩效正当性,即"国家为社会提供公共物的能力"⑱,也就是传统所谓"民生"的部分。传统儒家是以"德治"作为政治正当性的标准,将统治的正当性定位在人君的德行之上,人君的道德自我要求作为人民的榜样,启发人民同归于德,所谓:"自天子以至于庶人,壹是皆以修身为本。"这种意义的"德治"其实就是"无为而治",不会以强制的方式进行统治,人民当然甘心接受这种治理方式⑲。"德治"作为政治正当性之一无法直接纳入上述韦伯与赵鼎新的类型之内,并非现实政治的政治正当性之一,纯然是一个理想模型。梁漱溟作为传统派的第一代当代新儒家,他并不主张政治正当性建立在以前的儒家德治形态之上。

根据梁漱溟在《乡村建设理论》中的观察,那时候的中国在政治上四分五裂,法理程序无法确立,传统的君主权威消失,主流意识形

---

⑯　Max Weber, *The Theory of Social and Economic Organization*, Talcott Parsons (ed.) (New York: Free Press, 1964), p. 328.

⑰　赵鼎新用"正当性"翻译"legitimacy",为了跟"legality"作出区隔,笔者在这里将"legitimacy"统一翻译为"正当性"。赵鼎新:《合法性的政治:当代中国的国家与社会关系》(台北:台湾大学出版中心,2017),页23—47。

⑱　同前注,页36。

⑲　对于儒家德治的详尽说明,可参阅徐复观:《孔子德治思想发微》,《儒家政治思想与民主自由人权》(台北:台湾学生书局,1988),页99—120。

态还没出现,这种情况可谓"政治正当性的空窗期",梁漱溟必须要找出一个新的政治正当性论述。而梁漱溟的诊断,即"中国不象国家,而只是一个社会,是一个文化体"⑳。确立了当时中国政治正当性问题的独特性,即必须从文化入手处理这个问题。我们从上述萧公权的研究中得知,从来中国的统治者都知道要有统治的正当性就必须从顺从中国的伦理风俗入手建立,不能因为马上得天下就可以马上治天下。虽然中国遭受西方文化的冲击,农村社会遭到破坏,"文化失调"㉑。梁漱溟认为解决之道还是必须从农村的社会文化入手,而这最终可以回溯至孔子的"先富后教"㉒的理念。

笔者认为,我们可以根据周濂的论述对于梁漱溟乡村建设理论涉及的正当性问题给予一个更清楚的说明㉓。周濂指出正当性(legitimacy)与证成性(justification)这两个概念的差异,前者走的是"发生的进路",即问"国家如何产生?"的回溯性问题,而后者走的是"目的的进路",即问"国家作为手段或工具能够为公民提供什么好处或效用?"的前瞻性问题㉔。

这样一来,梁漱溟的正当性问题在周濂的区分下应该是一个证成的问题,即社会层面的礼俗最起码可以提供稳定甚至富足的生活㉕。然而,笔者以为这两个问题密不可分,也正如周濂自己曾指出的,正当性在概念上从属于证成性㉖。梁漱溟希望重建的新礼俗在功能上当然是为了社会与国家的长治久安之用,也就是一个目的的进路;当然,如果没有新礼俗可以提供稳定的社会状态,又如何可以实际上回答国家如何产生的问题,例如有能力的人民进入一个人民主

---

⑳　梁漱溟:《朝话》,页98。

㉑　梁漱溟:《乡村建设理论》,页162、164。

㉒　"子适卫,冉有仆。子曰:'庶矣哉!'冉有曰:'既庶矣。又何加焉?'曰:'富之。'曰:'既富矣,又何加焉?'曰:'教之。'"参阅朱熹:《四书章句集注》(北京:中华书局,1983),页143。

㉓　可参见周濂:《现代政治的正当性基础》(北京:生活·读书·新知三联书店,2008)。

㉔　同前注,页32。

㉕　梁漱溟在《乡村建设理论》中指出当时中国农村受破坏甚至无法自给自足的窘困,而乡村建设首先要解决的,当然就是一个物质生活条件得以满足的问题。参阅梁漱溟:《乡村建设理论》,页158—159。

㉖　周濂:《现代政治的正当性基础》,页25。

权的程序中,决定政治上的正当性。

另外,笔者认为我们可以这样看待国家与社会的关系:国家在理论上应该提供证成(justification),这意味着,国家可以提供服务、促进社会正义或维持社会秩序;但是在梁漱溟时代的中国,国家政府无法履行它的证成,而社会(礼俗)提供了统治的回溯性的正当性(legitimacy),换句话说,只要统治者接受了社会礼俗的规范,就得到统治的正当性。基于社会(礼俗)提供的正当性不是根据个人的真实认可(actual consent),而是具有文化的正当性,即使政府无法提供上述三种功能的其中之一,对于其正当性也不成疑虑。我们根据中国明末清初的历史例如顾炎武的看法就大概可以看出来,儒者对于亡天下的忧虑,以及统治者接受以儒家为主的汉文化传统得到了它统治的正当性,例如开放科举考试,以及透过乡约宣讲儒家伦理价值稳定社会。总而言之,梁漱溟的乡村建设构想,在两个层面可以满足政治正当性的两个面向,一个是就物质生活条件的满足来说,一个是就文化传统而言,这是以证成性(即乡村建设的目的在于人民生活的富足与安定)来理解政治正当性的路径。笔者认为这样的构想呼应了孔子"先富后教"的理念㉗。

笔者在上面说明了我们应该如何定位梁漱溟的乡村建设构想,即乡村建设应该是一个政治证成性以及正当性相关的构想。接下来,本文将透过沈恩的能力取径理解梁漱溟的乡村建设,审视与反思乡村建设构想是否可以起码初步地实现人民的真正自由或提供人民能力。

三、沈恩式能力取径的重要概念与架构

笔者认为沈恩的能力取径(capability approach)用来理解梁漱溟的乡村实践是新儒家处理政治正当性(特殊的道德证成)问题上另一个可

㉗ 所谓"先富后教"中的"教"似乎是一种由上而下的教导方式,但实际上在梁漱溟的乡村建设构想中,更像是一种以自治的方式相互培养能力的过程。对此,本文后面有更详细的论述。

行的方式㉘。沈恩的核心概念是两组概念：（1）能动性（Agency）与福祉（Well-being），以及（2）成就（Achievement）与自由（Freedom）的交叉组合，可呈现为下表一：

表一：沈恩"能力取径"的核心概念㉙

	能动性（Agency）	（与个人相关的）福祉（Well-being）
成就（Achievement）	能动性成就（Agency Achievement）（依赖他人的行动，当事人只是间接相关）（第Ⅰ部分）	福祉成就（Well-being Achievement）（起作用）（功能状态）（功能配置）（Functionings）（第Ⅲ部分）
自由（Freedom）	能动性自由（Agency Freedom）（行动者自己主动参与）（第Ⅱ部分）	福祉自由（Well-being Freedom）（能力）（capabilities）（能力组合 capability set）（起作用的条件）（第Ⅳ部分）

（一）对于沈恩式能力取径的整体说明

一方面，人的"能动性成就"（agency achievement）（即上图第Ⅰ部分）就是行动者"他有理由追求的目的与价值之<u>实现</u>，无论它们是否跟他自己的福祉关联起来"㉚。而人的"能动性自由"（agency freedom）（即上图第Ⅱ部分）指行动者对于追求他个人目的与价值的自由程度㉛，不过，其自由程度受限于社会、政治与经济环境能够提供

㉘　这种说法是相对于牟宗三先生提出的"良知坎陷开出民主"说。

㉙　引用自 David A. Crocker, *Ethics of Global Development: Agency, Capability, and Deliberative Democracy* (Cambridge：Cambridge University Press, 2008), p. 151, 表格 5.1, 笔者做了文字说明。

㉚　Amartya Sen, *Inequality Reexamined* (Oxford：Oxford University Press, 1992), p. 56. (下划线强调为笔者所加。)

㉛　同前注, 页 57。

的机会㉜。

另一方面,人很自然地追求自己福祉成就或福祉之实现,但福祉之实现不一定涉及人的自由,当事人甚至没有选择的可能就有了福祉之实现或承受不幸,这很可能出于先天的禀赋等条件的配合或后天的环境之局限。我们可以用沈恩在《正义的理念》中的例子指出其中的差异,某人 Kim 打算在周日在家里不出门,如果情况如他选择的那样进行,就是剧本 A;如果这时候有恶霸破门而入,把他拖出门并扔进水沟,这是剧本 B;至于剧本 C,Kim 被恶霸勒令在家不许外出。在这三个剧本中,我们可以说剧本 C 是 Kim 的福祉之实现,而剧本 A 除了是 Kim 的福祉实现之外,同时也是实现福祉的能力或自由之彰显。剧本 C 中 Kim 的状态之实现不取决于他本人的自由,剧本 A 则由他本人决定㉝。沈恩进而区分了“终点的结果”(culmination outcome)与“完备性的结果”(comprehensive outcome)㉞,人的自由因此不仅是成就福祉的工具,而是福祉的构成要素(constitutive elements),因为人们有自由选取实现他想要的福祉的那些条件或功能配置(functionings)。总的来说,第一,我们从剧本 C 可见,Kim 的福祉成就不出于他的自由,只有一个成就的状态,落在上图的第Ⅲ部分。第二,我们从剧本 A 可见,他的福祉之实现出于他的自由,不纯然只是福祉成就的状态(即指涉上图第Ⅳ部分)。

(二)对沈恩式能力取径下的福祉(well-being)概念之说明

延续上节对个人福祉的说明,本节必须说明与个人福祉相关的“功能配置”这个概念㉟。在沈恩的能力取径视野下,衡量人的福祉(well-being)涉及功能配置或福祉实现之条件,而所谓的“功能配置”是一个复合概念,并不是指单一的事情或东西。人的福祉不能单从他拥有的物件来决定,沈恩以脚踏车为例,如果两个人都各自拥有一台脚踏车,脚踏车的“乘载”特征却因人而异,若其中一人是身障人

㉜ Amartya Sen, *Development as Freedom* (New York: Random House, Inc., 1999), pp. xi - xii.

㉝ 例子见沈恩著,林宏涛译:《正义的理念》(台北:商周出版,2013),页 262。

㉞ 这区分见前注,页 264。

㉟ “Functionings”并不是容易翻译的词,有的译者翻译成“活动”“事务”,有的翻译为“生活内容”。笔者根据脉络翻译成“功能配置”“功能状态”或“起作用”。

士,脚踏车的"乘载"特征就对他失去意义,而他的福祉也与同样拥有脚踏车的身体健全者不同。沈恩的说法是:"理解人的福祉,我们显然地要进至'功能配置'(functioning),即,人对于他或她掌控的那些商品与商品的特征可以*做些什么*。"㊱沈恩接着有以下的初步定义:"起作用(functioning)是一个人的成就(achievement):他或她能够做什么或成为什么。"㊲骑脚踏车与拥有脚踏车是两件事情,一个人在骑脚踏车的时候,他在起作用(functioning)。在这例子中,沈恩曾主张人的起作用有别于拥有脚踏车(与它的特性)以及从骑脚踏车中获取的效益(例如快乐),但沈恩同时强调人骑车因而获得快感经验是重要的事情,优先于人拥有脚踏车㊳。这意味着,沈恩除了重视人们的起作用活动本身(在上述例子中就是从事骑车这件事情)之外,也重视人所处于的状态。David Crocker 对于沈恩的"functioning"这一概念有所补充,即它不只是指"起作用"而且是人的各式各样的状态(state):"沈恩也把 functioning 这概念延伸超过意向行动包括*任何*'一个人的存在状态'。"㊴

　　然而在有些地方,沈恩又指出处于快乐的状态可以是一种相关的功能状态(functioning),"功能状态部分反映了那个人的'状态'(state)"㊵。正如沈恩在另一处指出:"生活可以被看作是由一组相关的'功能配置'组成,由各种状态与行径(beings and doings)组成……这些相关的功能配置可有多样的不同,从诸如基本的事物,例如得到适切的营养、处于健康状态、可免除的疾病、早夭等等,到更复杂的成就(achievements),像是快乐状态、拥有自尊、参与社群生活等等。"㊶对沈恩来说,这些功能配置正好让人有起作用的能力(the capability to function),构成了所谓的"能力组合"(capability set),就像是人有

㊱　Amartya Sen, *Commodities and Capabilities* (Oxford: Oxford University Press, 1987), p. 6.(斜体强调为原文所加。)

㊲　同前注,页 7。

㊳　同前注。

㊴　Crocker, *Ethics of Global Development*, p. 164.(斜体强调为原文所加。)

㊵　Sen, *Commodities and Capabilities*, p. 7. 这种差别可参阅 Crocker, *Ethics of Global Development*, pp. 164 – 165。

㊶　Sen, *Inequality Reexamined*, p. 39.

金钱预算可以在商品世界自由购买商品,人基于他的功能配置而有自由选择可能的生活方式㊷。根据上面的论述,一方面,功能配置可以指单一的运作,像是骑脚踏车这个活动,这活动展示出人的机能在起作用;在另一方面,功能配置也可以指实现这个活动的条件,身体与心理状态,各个细项的功能配置让人有能力实现骑脚踏车这项活动。

以上基本上就是沈恩对功能配置与能力的说明,一个人的个人福祉(well-being)取决于他的可成就的功能配置(functionings achieved)(即指涉上图第Ⅲ部分)。而他可以选择不同功能配置组合让他可以获得福祉的能力(capability),也就是该人获得福祉的自由(freedom)或真正的机会(real opportunities)㊸。换句话说,人手边拥有(包括金钱收入等意义)的资源越多,功能配置越多,他就越有能力获得他自认的福祉,选择越多样他就越自由,这种自由就是沈恩称的"福祉自由"(well-being freedom)㊹(即指涉上图第Ⅳ部分)。

(三)对沈恩式能力取径下的能动性(agency)概念之说明

除了前述的福祉面向外,我们还必须进一步说明前述沈恩区分出的人的能动性面向(agency aspect)。福祉当然是人们追求的目标,但人所追求的不只是对于个人福祉之追求,也包括个人福祉以外的目标。如此一来,沈恩在个人福祉之实现,即福祉成就(well-being achievement)之外,还区分出能动性成就(agency achievement):"一个人的能动性成就指他有理由追求的目标与价值之实现,无论它们是否跟他自己的福祉关联起来。"㊺例如,人的目标可以是所属社区的繁盛、世界和平等,无论这些一般而言的目标是否直接促进他个人的福祉,这意味着即使这些目标不一定有助于他个人的福祉,但他还是希望这些目标可以达成。因为本部分上两节对福祉成就已经有说明,接下来仅说明能动性成就(agency achievement)的意涵,上一段引沈恩本人的说法略微简短,Crocker对此有进一步的说明,可以让我们更

㊷ Sen, *Inequality Reexamined*, pp. 39–40。
㊸ 同前注,页40。
㊹ 同前注,页40。
㊺ 同前注,页56。

清楚该概念的意涵。这个概念指一些目标的实现，无论与当事人相关与否，例如消除饥荒，是当事人以外的其他人或机构实现了这项成就，当事人的能动性顶多只是间接相关，像是有意图这项成就的实现，或只是担任无足轻重的角色，或没有阻碍该成就之实现[46]（即指涉上图第Ⅰ部分）。

Crocker 认为，对照上述假手他人的能动性而实现的成就，沈恩更重视的是"主动的"或"参与的"能动性（"active" or "participatory" agency），我们有意地（intentionally）作为行动者（agent）实现无论是否与当事人相关的目标[47]（即上图第Ⅱ部分）。

沈恩也区分两种意义的行动者自由，即前述第Ⅱ部分的"能动性自由"（agency freedom）与第Ⅳ部分的"福祉自由"（well-being freedom）："前者是人实现自己认为有价值的成就之自由，而且人尝试实现它，后者则是人成就那些构成自己福祉的要件（constitutive）之自由。"[48]这些要件反映在能力组合（capability set），凭着不同的能力组合，人就可以追求自己的福祉，尽管有着能力组合不一定能够成就个人的福祉。

总言之，第Ⅱ部分与第Ⅳ部分区分的意义在于，人有道德自由主动追求自利以外的目标[49]。而两种能动性概念（即第Ⅰ部分与第Ⅱ部分之区分），沈恩的说法是："人认为有价值与作为实现目标的那些东西之出现"（第Ⅰ部分）与"这些东西由人自己的努力产生（或人自己在这些东西之实现中扮演主动角色）"（第Ⅱ部分）区分，前者意味着目标之成功实现不必在我，后者强调的是行动者（agent）的主动角色，更具有参与（participatory）意涵[50]。

四、梁漱溟乡村建设与沈恩能力取径的接合：
功能配置之更新，从传统礼俗到新礼俗

上面笔者重述了沈恩能力取径的基本概念与架构，希望接下来

---

[46] 参见 Crocker, *Ethics of Global Development*, pp. 153–156。
[47] 同前注，页 156。
[48] Sen, *Inequality Reexamined*, p. 57.
[49] Crocker, *Ethics of Global Development*, p. 152.
[50] Sen, *Inequality Reexamined*, pp. 57–58.（斜体强调为原文所加。）

可以与梁漱溟的乡村建设构想顺利接合在一起。前面曾提到梁漱溟对于国家与社会关系的理解与当代西方学者理解的架构不同,基于以下论断:"中国原来是不象国家的国家,没有政治的政治;国家权力是收起来不用的,政治是消极无为的。"[51]梁漱溟主张中国长久以来的稳定力量来自乡村社会,也就是透过礼俗教化而不是国家维系秩序:"从来中国社会秩序所赖以维持者,不在武力统治而宁在教化;不在国家法律而宁在社会礼俗。质言之,不在他力而宁在自力。"[52]尽管在传统中国,国家并非完全没有提供维护社会秩序的功能,但国家公权力一定不是主要的秩序维护来源。

进入现代世界的大格局中,中国受到西方文化的冲击,显现出不同于中国过往历史的结果,中国文化这次无法像过去一样有能力同化外来文化,就只能为了现代化调适自己,从而在清末民初为了政治现代化开启了学习西方的历程。对梁漱溟而言,人们并没有了解到这种学习西方的做法缺乏相应的条件,因为中国社会并非西方的阶级社会,而是个伦理本位的社会,硬要学西方的政治改革与工业化将导致当时的中国自乱阵脚,反而造成了反效果,即破坏乡村也同时破坏了维系秩序的旧有礼俗。梁漱溟选择的不是全盘西化的路径,他希望建立的是新礼俗:"就是中国固有精神与西洋文化的长处,二者为具体事实的沟通调和(完全沟通调和成一事实,事实出现我们叫他新礼俗),不只是理论上的沟通,而要紧的是从根本上调和沟通成一个事实。此沟通调和之点有了,中国问题乃可解决。"[53]这种中西"沟通调和"的方式就不纯然是西方式的路径,即自上而下由国家颁布法律而形成秩序,因为这是基于西方是阶级社会且有着强大的国家权力而特有的途径。质言之,基于梁漱溟对于传统中国的国家与社会关系之理解,而有了他乡村建设的构想,这个构想的目的在于重建受到西方文化冲击崩溃的秩序,而不仅是恢复,这个重建采用的是中西调和的方式,建立一套新礼俗。

我们可以从梁漱溟的论述中看出,他希望人可以保有在两种文

---

[51]　梁漱溟:《乡村建设理论》,页214。

[52]　同前注,页179。

[53]　同前注,页278。

化生活之间做选择的能力，对当时的全盘西化派来说，接受西方文化与摒弃传统文化是理所当然的，这里没有选择的余地。我们可以借用沈恩的例子说明，处于饥饿状态的两个人，如果其中一人生活优渥，只是出于政治或宗教的理由进行绝食，另一人则是饥荒中的灾民，这两人的差别不在于现实的饥饿状态，而在于他们选择的能力（capability）[54]。中国人原来拥有的或已成就的功能配置（achieved functionings）如果不是荡然无存，也已遭受严重破坏。梁漱溟提供的是重新建立一种新的功能配置（所谓"新礼俗"），有了它，人们才可以有实质的机会选择实现自己的福祉或自己福祉以外的价值或目标。梁漱溟的新礼俗与沈恩能力取径可以接轨的关键点在于新礼俗要建立的是人的"自动性"这点："更且这个团体，份子将是自动的，将是多数份子占主位，不是被动的。中国旧日的国家，也可以算是一个团体，不过是一个不进步的团体组织，其内部的份子，多是被动的。"[55]人在团体中可以自动自发，梁漱溟的用语是："在一团体中，多数份子对于团体生活应作有力参加。"[56]这里有一种与传统中国不同意义的自由概念，即在团体中的自由，梁漱溟主要指的是乡村组织中的人的自主与自动的自由："一点是：自由是团体给你的，团体为尊重个人所以才给你自由，自由是从对方来的，此合乎伦理之义；一点是：<u>团体给你自由是给你开出一个机会，让你发展你的个性，发挥你的长处，去创造新文化，此又合乎人生向上之意。</u>"[57]换句话说，梁漱溟的乡村建设构，目的是为当时的中国人提供可选择的能力，因此，我们可以进一步把他的想法拉往沈恩的能力取径："有能力在不同的文化关系之间做选择，在个人和政治上都可能很重要。我们看看来自非西方国家的移民，即使他们在欧洲国家或美国重建家园，他们仍然拥有保存部分祖先留下来的文化传统和生活方式的自由。"[58]在生活的开始点上，人们可以保有选择的能力，并不完全受限于现实的功能配置（achieved

---

[54]　例子参阅沈恩：《正义的理念》，页270。
[55]　梁漱溟：《乡村建设理论》，页282。
[56]　同前注，页292。
[57]　同前注，页299。（下划线强调为笔者所加。）
[58]　沈恩：《正义的理念》，页270。

functionings)（即上图第Ⅰ部分）。对梁漱溟而言，当时的中国人受限于现实的功能配置，也就是看似衰败中的传统文化，也只能走西化的路，没有别的可能性。梁漱溟提供了第三种可能性，除了抱残守缺选择日遭破坏的传统生活方式外，也不一定要选择西化，而可以选择建设新礼俗，塑造新的功能配置，实现个人的福祉。笔者将梁漱溟的新礼俗理解为沈恩的功能配置，有别于基于传统的功能配置才有实现个人福祉的可能。

梁漱溟认为，若要实现新的功能配置，在当时的中国必须进行中西精神的调和。第一，中国从西方学习新元素：那就是中国人精神中缺乏的团体精神，具体而言是建立团体组织，诸如"村学、乡学、合作社等"[59]。这种构想往传统宋代的吕大钧（和叔）（1029—1080）初创的乡约发展。第二，团体成员的自动参与：梁漱溟认为这是民治精神的体现，这种精神与传统的尚贤尊师精神貌似不合，却可以调和，也就是听从专家的意见去做决定，尚贤尚智仍然是一个理性的决定，可以得到多数人的认同。第三，团体中个人自由的发挥：团体应该让个人自由，"是由于期望团体中的每个人都能尽量的发展他的个性，发挥他的长处，如不给以自由，将妨碍他个性的发展"[60]。这是在伦理意义下的自由，而且并非放任意义的自由，而是人生向上的自由："团体给你自由是给你开出一个机会，让你发展你的个性，发挥你的长处，去创造新文化，此又合乎人生向上之意。"[61]梁漱溟如此理解："团体组织，其组织原理就是根据中国的伦理意思而来的；仿佛在父子、君臣、夫妇、朋友、兄弟这五伦之外，又添了团体对分子、分子对团体一伦而已。"[62]笔者认为，上述梁漱溟提出的种种调和构想，尤其是强调"团体"这个新功能配置提供机会给出自由，指的就是沈恩能力取径意义下的功能配置，唯有在这个基础上，处于西方文化冲击下的人才有能力或自由追求各自的福祉[63]。当然，笔者并不是说梁漱溟的主张与沈

---

[59]　梁漱溟：《乡村建设理论》，页281。

[60]　同前注，页298。

[61]　梁漱溟以缠足为例，指出人并没有做错事情的自由。同前注，页298—299。

[62]　同前注，页308。

[63]　这里要强调的是，对沈恩来说，相关的有价值的能力都只是个人能力而非族群能力。参阅沈恩：《正义的理念》，页279。

恩的能力取径完全吻合，其中一个很重要的分歧在于，沈恩认为："一个人可能属于许多不同团体（和性别、阶级、语系、职业、国籍、社群、种族、宗教等等有关），如果只将他们视为某个团体的成员，会严重损害到个人决定如何看待自己的自由。"⑥④相对地，梁漱溟对于个人所属文化仅有单一的理解，即中国人仅属于传统的中国文化，他忽略了个人可以分属不同的群体，有多重身份。不过，梁漱溟对人的单一所属理解跟那时候的局势相关，传统文化（乡村与礼俗）被破坏，一个受传统文化养成的中国人原来所有的功能配置因此不完整，个人的能力也受限，梁漱溟的切入点当然就是那时候的传统文化这个单一单位，而非多元的认同。

五、乡村建设具有的赋能意涵：
从宋代的乡约入手

梁漱溟这样理解他所构想的新社会组织："这个社会组织乃是以伦理情谊为本源，以人生向上为目的，可名之为情谊化的组织或教育化的组织；因其关系是建筑在伦理情谊之上，其作用为教学相长。这样纯粹是一个理性组织，它充分发挥了人类的精神（理性），充分容纳了西洋人的长处。"梁漱溟很清楚这个新社会组织的赋能（empowerment）功能，他继续补充："这样一个纯理性的社会组织是如何呢？在这个社会组织里，人与人的关系都是自觉的认识人生互依之意，他们的关系是互相承认（互相承认包含有互相尊重的意思），互相了解，并且了解他们的共同目标或曰共同趋向。……我们的这个组织，是纯靠理性的一个组织，靠理性开发出来的一种组织。"⑥⑤因此，梁漱溟这样构想下的新的社会组织构造理想上是一个自下而上形成的理性秩序："中国将来的秩序，是大家慢慢磋商出来的，是从理性上慢慢建造成的一个秩序，仿佛是社会自有的一种秩序，而非从外面强加上去的。"⑥⑥梁漱溟规划创建的新社会组织是在创建功能配置（functionings），让人民可

---

⑥④ 沈恩：《正义的理念》，页 279。
⑥⑤ 梁漱溟：《乡村建设理论》，页 309—311。
⑥⑥ 同前注，页 312—313。

以在既有的功能配置（achieved functionings）以外有新的选择，这当然关联人民的福祉，就像是沈恩主张的："一个人的能力跟他的福祉相关来自两个不同却相互关联的考量。首先，如果既有的功能配置构成了人的福祉，则成就功能配置的能力（即，一个人可以选择拥有的功能配置之一切可选择组合）将构成人拥有福祉的自由（真正的机会）。"[67]沈恩认为，在衡量一个社会是否良善（goodness），很重要的就在于该社会中不同的人是否享有成就福祉的自由（well-being freedom）。沈恩认为，"福祉与能力的第二个关联是以直接的形式出现，让已成就的福祉（achieved well-being）本身依赖于起作用的能力"[68]。这意味着，功能配置是最基本的条件，有了功能配置人才可以有能力去选择，去成就个人的福祉。

梁漱溟对于新社会组织（沈恩意义下的功能配置）之主动建构，里面有很强的人民自主意涵，人不受环境压迫而被决定，人有能力去选择想要的生活。选择能力本身就有价值，而不只有达成人生目的的工具价值。笔者以为可以跟沈恩的说法呼应。沈恩会主张功能配置是福祉的构成因素（constitutive elements），这当然是因为功能配置提供了能力，让人有自由选择，能够自由选择构成了人的福祉的部分[69]。梁漱溟的具体入手处是从宋朝吕大钧的乡约找思想资源，虽说明朝与清朝都有乡约，但却与当时的国民政府一样都是由政府力量自上而下发动的，梁漱溟看重的是自下而上"最初由乡村人自己发动的那个乡约"[70]。这种自发的乡约就是一种根据当时中国政治社会状况发展出来的"地方自治"："中国的地方自治有四个特点与西洋不同，其中一点即说中国在最近的将来要有的地方自治不是西洋的地方自治，也可以说不叫地方自治。地方自治在中国不会有；因为须先有国家才有地方自治，地方自治是出于国家的许可，是从上演绎下来的东西；而此刻的中国把国家最低限度所应当作的事情都已作不

---

[67] Sen, *Inequality Reexamined*, p. 40.
[68] 同前注，页41。
[69] 同前注，页41。
[70] 梁漱溟：《乡村建设理论》，页320。

到。"⑪这种自治意涵与前述沈恩强调的（即第 Ⅰ 与第 Ⅱ 部分的）能动性（agency）可以匹配在一起："我们的这个新组织，明白地说：是要每一个分子对于团体生活都会有力的参加，大家都是自动的，靠多数人的力量组织而成；那末，为团体主体的多数人既都在乡村，所以你要启发他自动的力量，启发主体力量，只有从乡村作工夫。"⑫但是梁漱溟强调的不是参与的权利，而是"人生向上"与"伦理情谊"这两点："不从伦理情谊、人生向上之意，是不会增进中国人的关系的。只有从人生向上之意，发挥伦理情谊；从这个地方才可以建立中国人的团体组织。"⑬这是顺着传统社会中的伦理本位出发的做法，梁漱溟也因此在定义理性的时候加入"情"的元素："平静通晓而有情。"⑭这种理性能力具体显现在吕大钧乡约的四大纲领"一、德业相劝；二、过失相规；三、礼俗相交；四、患难相恤"⑮，以及小条目上，并为梁漱溟的乡村建设沿用。梁漱溟举出"患难相恤"中的条目如下："第四项包含重要的条目有七：一、水火（遇有水火之灾大家相救），二、盗贼（土匪来了，大家联合自卫），三、疾病（遇有瘟疫疾病，大家扶持），四、死丧（死丧事情要彼此帮忙），五、孤弱（无父母之子女大家照顾），六、诬枉（打官司冤枉者大家代为申冤），七、贫乏（无衣无食者大家周济之）。在这第四项中他提出这七个具体问题要大家来互相帮忙；如果把这七项都充实起来，每样都能作到，那末，这就是一个很好的地方自治团体。"⑯这些小条目显然都将个人的福祉与福祉以外的能动性都考量在内。

　　我们以下表作小结：

⑪　梁漱溟：《乡村建设理论》，页 276—277。
⑫　同前注，页 313。
⑬　同前注，页 324。
⑭　同前注，页 314。
⑮　同前注，页 321。
⑯　同前注，页 321。

表二：传承自宋代乡约而建构的新礼俗

	能动性（Agency）	福祉（Well-being）
成就 （Achievement）	能动性成就（Agency Achievement）：不一定涉及个人福祉的功能配置，例如人们继承的好坏传统文化，梁漱溟称许的乡约中的旧有的四大纲领。	福祉成就（Well-being Achievement）（功能配置）（Functionings）：例如乡约第四纲领中的七项条目。
自由 （Freedom）	能动性自由（Agency Freedom）：新礼俗下相应的理性团体，让个人的选择性更广，更能主动进行与自身福祉不相关的活动。	福祉自由（Well-being Freedom）（能力）（capabilities）：相应的个人自主能力。

　　沈恩与梁漱溟是活在两个不同时空的人物，面对的又是不同时空背景的问题，有着传统与现代的差异；然而，在笔者看来，透过沈恩的能力取径理解梁漱溟的乡村建设恰到好处。两者的匹配程度从以上论述显而易见，两人都看到功能配置作为人们追求幸福或幸福以外的价值目标之重要性，虽说用语不同，梁漱溟是以新礼俗为出发点，只有新礼俗真正让人有实质能力（自由）追求他要的价值，不管我们怎么称梁漱溟的这场社会实践，无论是"自发的乡约""地方自治"还是"乡村建设"，主轴都是在失去旧有能力的巨变年代，人民有能力应对各种问题。但是我们也不能忽略梁漱溟与沈恩的差异，也就是前者认为人属于单一的文化，而后者看到人身份的多元性，当然这跟那时候的中国传统文化受压迫有关，梁漱溟等新儒家以传统文化认同作为对抗西方文化入侵的资源，梁漱溟入手处正好是这种以自下而上的方式从乡村地方建立秩序的正当性。而他以传统文化建立政治正当性的方式是特别的，有别于现代学者如 A&R 理解架构下的国家—社会的竞合关系，更详细的论述有待来文处理。

六、结　论

　　本文认为梁漱溟作为当代新儒家的早期代表人物，他的乡村建设构想，为我们思考以儒家文化传统为主的政治正当性提供了一个新的可能性，具体而言，最关键的地方在于梁漱溟对于国家—社会关系的理解与当代的学者 Acemoglu 与 Robinson 不同，后者以红皇后效应理解中国的国家—社会关系，而梁漱溟将中国理解为是一个文化体，而社会层面的文化风俗是提供秩序之源。笔者认为，传统的社会文化层面的伦理规范一直都是中国政治正当性的立足点，因此，重建以乡村为代表的社会文化伦理成为梁漱溟的当务之急。一旦中国因为西方文化的冲击而出现文化失调，原来稳定国家的、以乡村为首的社会力量进入了失序的局面，人民也就无法安居乐业。梁漱溟的解决之道，在于就着中国的特殊国情重建乡村，以提供秩序的来源和物质生活条件，但是这种重建的工作并非要重回老路，毕竟受西方文化冲击后，思考方式有所改变，必须引入西方的长处以建构一个新礼俗。本文以为，要理解这个可提供秩序与物质福祉的新礼俗，可以用沈恩式的能力取径，这种做法的意义，在于可为当代新儒家的政治论述提供一个更具备现代意义的架构。本文将梁漱溟创建的新礼俗理解为沈恩式的"功能配置"，强调梁漱溟乡村建设构想中人民在团体中的能动性，因为有着这种能动性，人民才可以有能力选择他们想要的福祉。最后，本文根据能力取径重新理解梁漱溟的乡村建设实践，只是一个初步的尝试，虽然称不上周延与全面，却可以为未来的研究提供一个起点，进一步为当代能力取径与儒家传统之间的对话打开一个新的可能性。

爱情中的唐君毅
——以《致廷光书》为中心

彭国翔[*]

内容提要： 本文以学界以往未尝重视的唐君毅婚前给谢廷光的数十封书信为主要依据，辅之以其他相关材料，考察在恋爱中的唐君毅所展现的思想、精神与情感的世界，具体包括以下几个方面：第一，爱情中的唐君毅对于爱情与男女关系是如何理解的，以及他在爱情中自己是如何处理爱情与男女关系问题的；第二，爱情中的唐君毅从学术和人格两个方面向谢廷光所表达的对于自我的理解和定位；第三，爱情中的唐君毅对于社会事业和理想的看法；第四，爱情中的唐君毅对于人究竟是什么、如何理解人类社会、人生的目的何在以及应当如何看待人生这些问题的看法；第五，爱情中的唐君毅对于哲学的看法。

关键词： 唐君毅，爱情，自我，社会和理想，人生，哲学

一、引　言

关于唐君毅（1909—1978）的研究，学界迄今已经积累了丰富的成果[①]。但是，在唐君毅传世的文献中，他在恋爱中给后来成为其妻子的谢廷光（1916—2000）女士的数十封书信，却鲜为研究者充分利用[②]。这

---

[*] 浙江大学人文学院哲学系教授。（电邮：peng_gx@126.com）

[①] 参见何仁富、杨永明、李蕾编：《唐学研究文献索引》，《唐君毅全集》（北京：九州出版社，2016），第39卷。

[②] 据笔者见闻所及，留意《致廷光书》并专门考察其中思想者，迄今似乎仅有黄兆强：《性情与爱情：新儒家三大师相关论说阐微》（台北：学生书局，2021），第五章"谈情说爱：唐君毅先生爱情婚姻观之伟大启示"；黄兆强：《唐君毅先生（1909—1978）30岁前后的哲学思想：以〈致廷光书〉为探讨的主轴》，"纪念唐君毅先生逝世四十周年国际学术会议"论文，香港新亚研究所、香港中文大学，2018年12月5—7日；刘国强：《读〈致廷光书〉感唐君毅先生丰盛之人生》，《鹅湖》第122期（1985），页42。

些书信，如今以《致廷光书》为题，收录在《唐君毅全集》第30卷③。本文即以《致廷光书》为主要依据，辅之以其他相关材料，考察在恋爱中的唐君毅所展现的思想、精神与情感的世界。

本文之所以聚焦于《致廷光书》，除了其中的书信以往研究者鲜有充分利用这一原因之外，更是出于这样一种考虑：人在爱情中所流露的思想、精神与情感，较之其他场合往往更为真实与生动。因此，以往学界未尝重视的唐君毅的那些情书，在唐君毅的学术著作所展示的思想世界之外，足以别开生面，为我们呈现同样是唐君毅的真实、丰富却以往鲜有人进入的心灵世界。爱情中的唐君毅所流露的思想、精神和情感，既是唐君毅这一个体心灵世界的重要组成部分，同时也是古往今来人类智慧的结晶，值得了解、消化和吸取。

当然，需要特别说明的是，爱情中的唐君毅在情书中谈论的并不只有爱情，更有他对于人生诸多方面的理解和思索。在他看来，理想的人生是多方面的，"一个完满的人格之生活应有宗教信仰（神）、艺术文学欣赏（美）、学术研究（真）、社会事业（善）及家庭中的父子兄弟夫妇之相爱、社会上的师友之相敬之外，同时也当有比较好但不可必之社会名誉，与不感太苦的物质生活"（页117）。而在他给谢廷光的信中，恰恰表达了他内心对这些方面的理解与看法。并且，正是由于沉浸在爱情之中，唐君毅对于这些问题的思考和表达，更为真实和纯粹。也正是由于这一点，本文所谓"爱情中的唐君毅"，也才与"唐君毅的爱情观"这样的论题具有很大的不同。显然，如果说后者的考察范围只限于唐君毅对于爱情问题的看法，那么，前者的考察范围则要大得多。惟其如此，本文对于爱情中的唐君毅的探究，也将具有更多的引人入胜之处。

这些书信反映的唐君毅的诸多看法，在其33岁之前，因为《致廷光书》收录的唐君毅给谢廷光的情书（婚前的书信）截止于1942年4

---

③　本文所用《致廷光书》，为《唐君毅全集》北京九州出版社2016年版第30卷。下文凡引用本书，均在引文后列出页码，不另出注。《致廷光书》分上下两篇，共收唐君毅致谢廷光的书信113封。上篇包括婚前书信36封，下篇包括婚后书信77封。婚后书信封数虽多，但篇幅只有婚前书信的一半，且都为记事，极少情感的抒发。故本文所谓"爱情中的唐君毅"所引书信，以《致廷光书》上篇所收婚前书信为据。

月。不过,唐君毅的心智成熟很早,这些情书中所呈现的唐君毅的心灵世界,与后来唐君毅的思想、精神和情感世界,虽然侧重的问题以及表达的方式有所不同,但在根本的旨趣与格调上,却又可以说是无分轩轾的。这一点,是我在正式开始本文的考察之前,希望首先有所交代的。

二、对于爱情和男女关系的理解与处理

既然是考察爱情中的唐君毅,我们还是先来看一看,爱情中的唐君毅对于爱情与男女关系是如何理解的,以及他在爱情中自己是如何处理爱情与男女关系问题的。这是爱情中的唐君毅所呈现的心灵世界的重要组成部分之一。

唐君毅认为,世间上数不胜数的男女关系中,只有极少的真正的男女之爱。并且,在这些极少的例子中的人们,也极少能够真正了解男女之爱的意义。不过,唐君毅在 1940 年 5 月 5 日给谢廷光的书信中,认为自己能够了解男女之爱的意义,自己具有真正的男女之爱的理想。在他看来,"人生的目的所在,只在他内在的精神自我之扩大,而实现那宇宙的大精神。男女之爱只是去扩大内在的精神自我之一条路……人生最大的问题,只是如何使我们内在的精神自我扩大。由此大问题生各种人生问题,婚姻乃其一。但是婚姻虽只是其一,男女之爱只是去扩大内在精神自我之一条路,但是这条路却是一条占特殊地位的路"(页 62—63)。这里,把爱情和男女关系问题理解为"扩大内在精神自我之一条路",可以说是唐君毅对爱情和男女关系的基本定位,其他对于爱情与男女关系的种种看法,可以说都是围绕这一定位而言的。这一点,也可以说是唐君毅精神哲学的根本特质在爱情与男女关系问题上的反映。当然,由于是在爱情之中表达对于爱情和男女关系的看法,唐君毅的表述就更多的是基于自己的感受和经验。这便与他在像《爱情之福音》这样侧重说理的著作中的文字表述有所不同。

基于这样一种精神哲学的基本立场,唐君毅虽然不否认男女关系从生物学、心理学的角度来说"原于一种生理上的性本能",但他认

为这只是从外部看。从内部看的话，"则全是精神的"。并且，男女关
系的身体上的合一，正是人与人之间的精神相通能够得到实际象征
的反映。他在同一封信中对谢廷光说："我现在同你说天伦之爱是由
生理之一原而来，即是由生理关系化出精神关系。而男女关系则是
要化生理关系为精神关系，而以此生理关系为精神关系之象征。然
而人与人的关系只有男女关系才有此生理关系之象征。我们说人所
求的只是其内在精神自我之扩大，扩大其自我即是要与他人精神相
通，相通即是求合一，合一即是自我之扩大。然而一切人与人精神相
通，只有男女关系中才有一实际的象征，因为有身体上之要求合一。
此外的一切人与人精神相通均无如此之象征。"（页 63）对于这一看
法，唐君毅在 1941 年 4 月给谢廷光的信中，有进一步的论证，他说：
"在爱情中之男女都知道他们所求的是与对方精神成一片，这是从内
省所得的真实。而生理学家从外面来解释，那不过一解释而已。事
实是如何？只有亲切的感触才知道。所以男女间的爱情只是精神与
精神要求合一，自然他有时会抱她，但他当时只是觉一精神冲动在内
要抱着对方的精神，其相抱不过是一象征而已。身体不过衣服，精神
才是真正的身体。（因为身体即精神之表现，所以身体也很重要，也
当爱，所以我当注意我身体的健康。我望你寄一像与我，因那即是你
精神之表现，这亦不矛盾。不过要为精神而爱身体才有高的价值。）
而精神则只有内省才知道，如果生理学家他无内省，他纵然把千千万
万的情侣身体拿来解剖，他能知道爱吗？"（页 142）这里，唐君毅再次
强调爱情不能从生理学的角度来理解，并以生理学家纵然解剖千千
万万的情侣身体也不能懂爱为例，直接表达了"男女间的爱情只是精
神与精神要求合一"的看法。

　　而出于这种信念，在 1940 年 5 月 24 日致谢廷光的信中，爱情中
的唐君毅甚至以第三人称的方式对谢廷光说："他只希望你的精神常
与他感通，把你的一切感触告诉他，你有什么问题时，尽管问他，他决
不笑你。真的你只要想想他的态度、他的著作、他的见解、他的朋友
对他的爱护、他同你写的信之内容，你可以客观的想想这样一个青年
决不是平凡的人。确如你所说相当有伟大的地方。""他希望你信赖
他崇仰他不是他的我慢，你只要真有一天从你自己解放忘掉你自己，

好像愿将你灵魂交与他,让他的智慧意志情感都贯注渗透到你的全生命,你一天会了解什么是伟大永久的爱情。"(页81)

也正是由于把男女关系身体上的合一视为只是彼此精神相通的象征,唐君毅强调不能把象征当成实在从而陷于身体的欲望。在他看来,真正的男女之爱追求的只是精神的相通,身体的结合作为精神相通的象征,只是自然到来的结果而已。他接着上面的话说:"我们必需认清男女之身体上之要求合一,只是一象征,只能视作一象征。然而一般人却最容易执象征为实在而陷于肉欲,不知此象征只是一象征而已。这是不重要。重要的仍只在彼此精神之相通。所以一个真正了解男女之爱之人,他所求只是彼此精神之相通,此象征但任其自然的到来。"(页63—64)

不过,既然身体的合一是精神相通的象征,也就意味着在精神和身体之间存在着连续性。由此,身体合一所必然表现的生理要求,也就不应当被视为纯粹是低级和只有肉体性而缺乏精神性的。对此,唐君毅写道:"我在很久的时间中看不起男女之爱,因为我认为只有精神最足贵,而男女之爱无论如何纯洁,也不能说绝对莫有下意识中的生理要求,直到我的哲学发现物质与身体是精神的象征以后,我才豁然贯通。我知道精神的哲学之可贵是在将一切都看作精神的象征,如此则物质身体都化为神圣。我同时了解人类各种爱是一元的道理。譬如母子之爱你觉得莫有是最可悲的,我可以告诉你母子之爱与男女之爱便是一种爱之两种形式。如从外表来说,母子之爱是一块血肉分为二之爱。男女之爱是二块血肉求合一之爱。如从内部来说母子之爱是一生命精神分为二之爱,男女之爱是二生命精神求合一之爱。"(页91)由此可见,对唐君毅来说,在物质和身体成为精神象征的情况下,物质和身体都可以化为神圣。

在表达了认为男女关系的根本在于彼此精神相通这一看法的基础上,唐君毅进而指出,男女关系所要求的彼此精神相通,又远比一般朋友之间所要求的精神相通更难做到。并且,结婚之前与结婚之后的男女关系,在彼此精神相通的要求这一问题上,又有所不同。在他看来,婚后彼此精神相通的要求会比婚前更为强烈,也更不容易做到。同样在1940年5月5日写给谢廷光的信中,唐君毅写道:"男女间所求之精神之相通是非常苛刻的，因为他们要求身体上之合一，所以他们先要求精神上之全相通。然而一个人的精神之全部则包括其一切性情、脾气、思想、意志各部，这莫有二人是一样的。不一样的要求一样，于是许多问题便出来。这在男女只是朋友关系时，此要求并不显出，因为朋友无论如何只是一方面的精神之接触。然而男女一到朋友以上的关系时，则此要求便强烈逐渐表现。而在结婚以后更表现得强烈。所以世间的男女关系，由朋友到结婚的过程中无不有冲突，而结婚以后恒为小事而有极大之冲突。这为什么？这因为他们愈要合一，则对于任何小处之不合均感到极大之不满足。"（页 64）

也正是由于这一点，唐君毅认为：男女关系一方面最要求彼此合一，另一方面也最容易分离。何以如此呢？他说："人选择配偶最要性情相投，然而无论如何相投，在朋友时期在婚前认为相投者，在超朋友时在婚后亦恒发觉有不相投。何以故？因为无论如何相投都不是绝对的，而在定情后或婚后则其相投之处大家相忘，于是不相投之处很尖锐的显出来了。"（页 64）

这样来看的话，男女关系岂不是总要以悲剧告终吗？对此，唐君毅又表示未必如此。那么，如何才能避免那种终究是悲剧的男女关系结局呢？唐君毅仍然根据其精神哲学的价值立场，对此提出了解决之道。他说："因为男女之爱之目的本来在扩大其自我，如果二人全是一样则无自我之扩大。所以有自我之扩大正因彼此有不同。由不同而有冲突，但亦由冲突而有和谐。如两股水要合流便必然先有冲突，如果两股水不能忍耐他们的冲突便不能合流，而水亦无扩大之可言。所以在真正的男女关系并不怕冲突，怕冲突的人是不能有真正的爱情的。然而冲突如何可以和谐，这便由冲突而有容让。如何而有容让，这便又必须一方需要求合一，一方要彼此视为独立的人格而尊重对方的意志。所以男女间不能只有爱而要有敬。必须有敬，再有容让，有容让而冲突便都成可自然划除之物而不复妨碍合一了。但是只是加上敬还不够，因敬只是互相尊重彼此之独立人格。如彼此真是独立人格便不能合一。要如何去求合一，则赖乎了解，了解即是互相认识。互相认识即是互相以心之光照耀对方之心，于是在自己心中看出对方之心。但是了解有二种，一种是理智的了解，一种是同情的了解,理智的了解是知对方为如何人,同情的了解则是体贴。但是只有了解亦尚不够,最重要的是相信彼此之间尚有一理想的合一之人格在上。"(页64—65)

这里,唐君毅讲得很清楚,真正的男女关系不怕冲突,害怕冲突的人不能有真正的爱情。而至于如何才能化解彼此之间的冲突,做到完全的精神相通,唐君毅认为,除了需要有"容让""敬"和"了解"这三个方面之外,更要"相信彼此之间尚有一理想的合一之人格在上",后者甚至是最为重要的。在他看来,必须相信男女间有一共同之精神人格在上。并且,这一共同的精神人格是全人类的大精神大人格的一部分(页64—65)。唐君毅甚至认为男女之爱的目的就在于实现那共同之精神、共同之人格。他在1940年10月11日给谢廷光的信中说:"我以为在男女之爱中首先必须在认定对方是我最爱最合理想的男子或女子,其次便是帮助对方之一切可爱之处实现完成起来,并补充上其他人格之美点。"(页108)显然,这仍然可以说是其精神哲学的宗旨在男女关系问题上的反映。

不过,唐君毅也知道,这样理解的男女关系或者说男女之间的爱情,是极为理想化而在现实中难以实现的。因此,他在1940年5月5日给谢廷光的信中毫不讳言地这样写道:"你知道这一种崇高的爱情整个说来是我一理想。这一理想之大体是我多年前便怀抱的,犹如我之全部的人生理想。但是我自己并非要想亲自去实现他。因为这不是我个人的事,这尚须一对手方。这对手方必须有与我同样相同的精神之深度的人,而且自觉的了解此理想的。然而这样的异性我从来不曾看见过。所以我从未追求女子,因为莫有值得我追求的女子。"(页66)

既然唐君毅理解的爱情或者说男女关系如此难以在现实中觅得,为什么它又总是会令古今中外无数的男男女女如此神往呢? 对此,唐君毅也有他的解答。他说:"我觉得在一切人与人关系中男女间的关系是相当神秘,因为这是要求精神性灵意志情绪及生活各方面的融为一片。所以从某一意义说,男女之爱中有朋友之爱、有兄妹之爱,在互相保育的意义上还有父女母子之爱,在互相顺从的意义上有好似互为君臣的爱。男女之爱不似那几种爱本身之纯,但更为复杂而丰富,这即是因男女间要求各方面之绝对合一之故。所以男女真相爱,便有莫明其妙的无间之感。"（页 132）④由此可见,在唐君毅看来,真正的爱情或者说男女关系所追求的,正是那种彼此绝对合一的无间之感。

以上,是唐君毅在给谢廷光的情书中表达的他对于爱情和男女关系的理解,可以说是爱情中的唐君毅论爱情。除此之外,唐君毅在和谢廷光的交往过程中的自我表现,也向我们更为直接和鲜活地呈现了爱情中的唐君毅是如何处理爱情和男女关系问题的。

在唐君毅和谢廷光婚前长时间分处两地交往的过程中,有一件事在唐君毅的情书中反复出现。这件事本身很简单,即曾有一男子向谢廷光示好,而谢廷光在一度和唐君毅相互约定准备彼此分手的时候,对该男子也似乎未加拒绝。不过,重要的不是这一事件本身,而是在唐君毅给谢廷光的诸多情书中,不断地以或显或隐的方式流露了此事对他造成的困扰。由此可见,唐君毅对于此事难以释怀,常有一种极度的不安全感。

例如,在 1941 年 11 月给谢廷光的信中,唐君毅写道:"某君对你不生麻烦,你对他亦无所谓,很好。不过光妹:我仍然有点不放心,我觉你这人太好、太重感情,还是易为人所欺害。因为我想起他同你写那些信,如果那些是真的,他一定不能放松你,如果是假的,那人便是一阴谋多的人,你当小心才是。"（页 166）

当时,谢廷光一人在外上学,周围不免有人对其产生好感。由唐君毅给谢廷光的信中可见,此事谢廷光也告诉了唐君毅。至于唐君毅的态度,则颇能反映其心理:一方面,他要表示对谢廷光的信任;另一方面,他也不免流露出对谢廷光周围男子的警惕。这当然是爱情上的排斥性的自然流露。

这种不安全感,很长时间萦绕在唐君毅的心里。唐君毅虽然事后一度以爱之深并希望对方十全十美来加以解释,所谓"我之所以对于你之过去有时似不谅解,其实正是因为我觉你好太爱你之故。因

---

④ 这种用男女之间彼此的绝对合一来界定爱情的看法,或者说,用"无间之感"来定义"男女真爱"的看法,与柏拉图《会饮篇》中借阿里斯托芬之口讲述的那个雌雄同体的人被一分为二之后一直在寻求另一半的古希腊神话故事,颇有不谋而合之处。

为我觉你好,所以望你更好,望你十全十美"(页166)。但同时,他又坦承自己内心难以排解的痛苦,并视之为一种心理的疾病。他说:"过去的事是已成的事无法改变了,而且过去的错只要真改去便可谓不存在,这道理我深知道。只是我又想过去可有的事未来也可以有,除非一个人能澈底否认他过去生命史,重新造过,求得一精神的再生,但是你能不能如此我又不知道,所以我便常为苦痛袭击。光妹:关于我之一切苦痛,我正在追求一解决的办法使我安心,我望你也替我治治我之心理病。"(页176—177)如果说"解铃还须系铃人"的话,唐君毅的心病,也的确只有谢廷光才能治愈。

再例如,1941年12月5日给谢廷光的信中,唐君毅更是向对方诉说自己内心深处的那种不安全感,并一再表示那恐怕是心理的疾病。他说:"光妹,我老实告诉你,我近来心理上恐怕有病,我每当回想到我们过去之一切欢乐时,我有时望见那远远的山头,我便似乎看见你坐在那儿,然而旁边的不是我而是他人,此外一切我都如此想。光妹我知道我如此想是错的,我也不是不原谅你的过去之小过失,也不是不相信你的现在,然而我不知什么缘故我总是容易这样联想。光妹我相信你的对你过失的忏悔,我所爱的也在你之忏悔,你所流的忏悔之泪,我尤其是感动不忘。我相信你对我之倾心,是他人对他所爱不能有的倾心。我还有什么不满足呢?只是我的光妹呀!我恐怕我心理上有病,我觉过去使我伤心,未来也是渺茫。现在我也不知你究竟是怎样?我常会堕入这一种空虚的心境中。我有信心我知道,但是我记得我的信心曾受一次打击,而且在这暑假后我又觉到我的信心又幻灭了,我似乎不相信自己,我觉得我过去是太把一切理想化了。"(页174)

而最能说明唐君毅的那种极度不安全感的,是1941年12月14日他给谢廷光的信中,通过描述自己所做的一个"伟大的梦"(唐君毅语),来向谢廷光传达他的心意。在唐君毅笔下描述的梦里,有一位接引他的老人对他这样说道:

孩子,我知道你爱你的光妹,正因为你愈爱她,觉得她好,所以对于她过去之一点瑕疵,更觉是一憾事。因为一个东西愈好,你必愈望他完满无缺。我很了解你之心理,但是你只要了解我刚才同你说之一切话,你便不当再怨她了。你要知道,她之爱你,也许比你爱她还深,因为她常想她曾对不住你,你恐怕她之意志薄弱,未来对你怎样不可知,但是你对于你从前接近的女子都能忘去不留痕,怎知她不能呢? 你只以为你能有坚贞之美德,以为他人便不能有,这是你的自私处,孩子,你还是相信她吧。(页 181)

你不要不放心她之一切,她正在忏悔她过去之一切,你知道,你最近交与他之三信是使她何等的难过。她只是自责,觉她是使你苦痛的负责者,她也与你一样有慧根有性灵,她时时都在想把她自己之人格,化为更仁厚、更丰富、更可爱,对于你更能体贴与温存,更能扶助你,她的缺点只在缺乏毅力,有时作事不免拖泥带水,不爽快,其次是不免于拘谨,多忧虑,不洒脱、不活泼大方,但是我现在已同她的灵魂说,向她表示希望,望她以后之人格化为如玉之莹、冰之清、雪之白,如行云之自在,如流水之舒泰,她正在勉力的改造她自己,她一定可使她成为比你更可爱的人。(页 182)

你们的人格都已超化,你们是真正再生了。从今后,你们要澈底改去你们之过失,对于一切过失,要割草除根。(页 183)

显然,这其实是唐君毅借梦中老人之口的自我开解和治疗。同时,以书信方式将梦中老人之语告知谢廷光,也是希望由此加固谢廷光对自己的感情,使谢廷光彻底忘记以往与他人的交往和关系,所谓"割草除根"。正是因此,唐君毅在信末所谓"爱:自今后我真不怪你过去之一切,我只希望你自今日立志发心,使你成为一如精金美玉玉洁冰清的人格,不要让一粒尘埃来污染自己,远离那些污浊的人们,而超举于世俗之上"(页 185)才是可以理解的。

这一判断,在唐君毅 1942 年 1 月 14 日给谢廷光的信中得到了唐君毅自己的印证。他说："其实那何尝是我的梦，我不过觉那些思想是更高的思想，所以托于神的口中来说出，一切都是我的想像所构成，你当真以为是梦便错了。其实神不是神，即是我自己的更深更高的自我，我们可以说任何人除他表面的我外，都有更深更高的我，那即是神。所以一切人内心都有神，神也即在人之内心。"（页194）由此足见，那个"伟大的梦"中老人所言，根本就是唐君毅自己的心声。

1981年2月2日唐君毅逝世三周年之际，谢廷光为《致廷光书上篇》写了一篇感人的"后序"。在这篇自述中，谢廷光表示，当时的确有另外的男子向她示好⑤。这件事，她也告诉了唐君毅。正是因此，唐君毅产生了长期的不安全感。如前所示，这种不安全感在唐君毅婚前给谢廷光的信中，不断有所表现，直到他们正式结婚方才消失。而对于这种不安全感给唐君毅造成的痛苦，谢廷光也是很清楚的。她说："你又说你的痛苦与我无关，你说你痛苦的原因，是把过去未来现在分不清楚，是神性与人性的冲突，你说是你自己造成的烦恼，别人是不能解除你的痛苦的。可是毅兄：我知道你的痛苦全是我造成的。离别使你空虚，空虚使你怀疑我或者又会生变化，这是人之常情，我真不知如何才能安慰你，但你总是原谅我责备自己，一切责任都归到你身上。"（页205）

也正是她的那种清楚，以及在理解基础之上给予唐君毅的回应，才使得两人之间的感情没有因分处两地而生变，反而在经历了种种曲折之后益发坚贞。正如唐君毅早在1940年8月27日的信中便曾经说过的："我想到我们之间经了各种喜怒哀乐情绪之变化，这使我们生活更丰富许多。大体说来我想第一年通信到你前年离开成都时是有喜意的时期，去年是彼此有些愤怒的时期，今年是彼此常有悲哀的时期，以后应当是双方都获得快乐的时期了。我想到我们间的经过，我们中间虽有离贰之时，然而心境全是相应的，在去年你意念动摇对我有不满时，亦是我对你不满之时。我们彼此之相待，如两股水同时分同时合，这中间实有一自然的感应，我因此更相信你所谓我们

---

⑤　"同时因环境关系，当时有人向我表示好，虽不定就谈婚姻，但我们的距离就愈来愈远了。"（页203）

的结合是天造成的。"（页97）

而谢廷光之所以能够和唐君毅终成眷属并一生相濡以沫，也在于她对唐君毅的理解。在唐君毅逝世三周年之际所作的"后序"中，在前引那段话之后，她还有两段话。其一："我了解你有天生的对宇宙人生荒凉的情调，你烦恼多苦痛多悲剧意识甚浓，情感有时动荡难安，所以我亦希望你情感尽量发泄，不管给我任何苦痛，我都应当承担。"（页205）其二："我当下生起了一种强烈的责任心，我觉得我对你的责任很大，我要好好培养自己，希望多少有点能力，能够帮助你，与你共同实现你一部份的理想。可是毅兄：当我怀疑我多半在学问上、事业上不能帮助你时，我对自己感到失望，我很难过，觉得对不住你。但当我想到我有生命，我有热血，我有眼泪，我至少可以以我的生命热血和眼泪，照拂你，使你精神和情感都有所慰藉，可以一心一意去实现你人生的理想，我亦以此自慰。"（页206）这些知心的深情告白，如果唐君毅在当年承受不安全感的煎熬时能够读到，一定会产生无比的感动，从而获得情感上的安稳和温暖。

不过，在唐君毅和谢廷光分处两地恋爱的日子里，除了那种寂寞与不安全感所致的痛苦，唐君毅也常常有一些只有沐浴在爱河之中的人才会有的表现。例如，他常因思念谢廷光、盼其信不得而生幽怨，表现得竟然像个青春期的孩子。正如下面这封写于1941年11月的书信文字所示：

> 廷光小姐：你何以在路上都不与我写一点信呢？我在家中望你的信之苦你那里知道一点。廷光小姐：如果你真爱我，你路上会一点都不想着与我写信吗？好，算了吧。我老实说我这几天才真望你的信望苦了，我天天亲自去看信，我想我打与你之电你早收到，还不来信真是一奇迹。今天我看了信回来仍不见你信，我只有决心不想你的信了，连你都不想了吧。我睡在床上，我只幻想我在上帝的怀里，因为他有无尽的爱来温抚我。不过最后我还是睡不着。起来随便作了事，不料工友送了你的信来，原是自沙坪坝转来，所以迟了几天，这简直是我意外的收获。我平生的事都是山

穷水尽才柳暗花明,这也是一个例子。(页 165)

在以为得不到对方的信之后,唐君毅竟然说"我只有决心不想你的信了,连你都不想了吧。我睡在床上,我只幻想我在上帝的怀里,因为他有无尽的爱来温抚我"。这段话读之令人不禁莞尔。并且,这封信中连称呼都由"光妹"变成了"廷光小姐",显然是唐君毅刻意而为。不过,在同一封信中,当得到了对方的回信之后,称呼又变回了"光妹"。由此,足见爱情中的唐君毅之天真可爱。

再比如,1941 年 11 月 20 日,唐君毅在给谢廷光的信中写道:"光妹我们现在相距数千里,明年尚不知能会面否,我仍渴望明年能会面,不然真是受不了。我有什么方法可以飞渡这虚空来见你呢?我现在唯一的希望是你多与我写信,二天一封、三天一封可以否?我只要看见你的字迹,我精神上也可获莫大之安慰了。唉! 你为什么还没有信来呢?"(页 169)

而在 1941 年 12 月 10 日给谢廷光的信中,唐君毅有这样两段话:

> 我希望得你信的心却是更急迫,我几天望你的信不来,我是何等难过。昨天得了你二十五日的信,我连看了五六次,当我沉入你的信中所表示之爱时,我又一切都忘了。(页 176)

> 我觉在你热情之流中,我便可融化一切的烦恼。但是你的信是何等的短啊。我望你多与我写信,我如能常得你之信,我便可安心了。光妹:我有时觉爱情如海水,使人愈饮愈渴,只有不断的吞海水才能不渴吧。(页 177)

这两段话,将唐君毅那种极度相思的情感表露无遗。即便在今天读来,也足以让人感受到那种扑面而来的情感的炽热。

更有甚者,在之前 1941 年 4 月给谢廷光的一封信中,唐君毅因为此前没有及时得到谢廷光的来信,竟然以不洗澡相要挟。他说:"不过我要告诉你,你此二周不来信,我此二周便未去沐浴,我也是莫有兴趣。光妹你怎知道我不需要你的信而不与我写信呢?你为什么要

冤枉人家，你如果以后不来信，我便永不去沐浴了。"（页 140）这虽然
多半是娇嗔的戏言，但相信任何读者看到，都会忍俊不禁，哈哈大笑。
显然，沉浸在爱情之中的唐君毅不仅情见乎辞，也让一个任性孩子的
形象跃然纸上。

　　除此之外，唐君毅还有种种毫无保留地表达其浓烈情感的话。
例如，在 1941 年 11 月 16 日给谢廷光的信中，他是这样写的：

　　　　我的光妹：今夜是十一月十六，一月前是你赴陕的临别
之夜。光妹，时间创造一切，亦销毁一切。我现在又是一人
在柏溪与你作书了。你现在在干什么？也许在同朋友兴高
采烈的谈话，也许在一人寂寞的读书，也许亦忆起一月前是
我们临别之夜吧。光妹，分别已一月了，这似水般的韶光送
去了一月前似火般的热情。光妹：你可曾记得那临别之夜，
在朦胧的天光下，我想到上车的时间快到了，便催你起来，
你忙忙的整理行装，急急的上车，我忘了在那临别之际，在
晨曦之前留下一深长的吻，这已成了永远补救不了的事了。
我现在拿着与你同照的像连接的吻了三次深长的吻。然而
她是何等的冷淡，她默默的承受不发一声。也许她是在沉
醉，也许她是在享受，也许她是已化为一精灵，把这些吻带
起来已飞渡那数千里的太空而送到你的唇边，不知你可知
道。光妹，我这一月来，虽然常常思念你，但不曾吻过你的
像，我似乎太对不住你，而且这一月中我常常恨你怨你，我
刚才还写一信在表示怨恨你，但是我马上又忘了那一切的
一切，我又在忏悔。光妹，纵然我有时为你而痛苦而怨你恨
你，那决敌不过我爱你的心。那封信我不想交给你了。光
妹，我现在放下笔来向你一吻，以表示歉意，你原谅你的爱
吗？（页 155）

　　　　光妹，一月前的生活真太令人回忆了，我们之间有共同
的欢笑，也有共同的流泪，有相互的责备，亦有相互的忏悔，
光妹：你可曾记得我们每当吵了哭了后，总有一次更热烈的

彼此之慰藉,这原是因为眼泪使我们精神更纯化,纯化后的精神才有更深的爱的表示。然而在一切爱之表示中,我们中间仍保持一种距离,这些事都有一相反相成的道理。爱只有节制才能使爱流不致泛滥而枯竭,反积蓄成渊深的清潭,再升华蒸发为美丽的爱之霞彩,亦只有别离才能使爱流变得更长远,将来聚汇时有更充实的水量。我们还是不要为离别而悲哀吧。光妹,昨夜我又梦见你,我希望今夜再有一同样的好梦,别了,今夜梦中相见吧!望你有机会便与我照一像来。(页 155—156)

而在仅仅四天之后,即 1941 年 11 月 20 日,唐君毅又以同样一往情深的文字向谢廷光吐露了他的心曲。他说:

> 光妹,我在莫有人爱我时,我那很长的寂寞时间都度过去,莫有感受什么烦恼。然而有了你的爱后,真是使我难于忍受这当前的寂寞。如果你不爱我了,我也许可以死心踏地作我其他的事。然而这如何可能呢?光妹,你也定感到寂寞,你会不会因感寂寞而求他人之慰藉呢?也许你忘了我,我可以忘了你来作一点事,然而这又不是我之所真爱。然则我怎么办?我如何能安定我的心来作事啊?光妹,我真是到了一精神上的最大的危机了。你救救我吧。(页 168—169)

在上面引用的这些文字中,唐君毅其他论著中所显示的理智,是完全看不到的。读者所能看到的,只有一个几乎失去了自我而完全被爱情占据了的人。

总之,爱情中的唐君毅经历了喜怒哀乐的跌宕起伏和百转千回,既有长期不安全感的煎熬,也有相思的苦与甜。他在 1941 年 11 月给谢廷光的信中写道:"爱情上的事可以使人如在天堂,亦可使人如在地狱,天堂地狱常只差一线,在天堂地狱之间升跌几次,一个人的生命常就此就完了,这真是最重要而又最可怕的人生问题。"(页 167)这句话,可以说完全是基于其深刻体知而发自内心的肺腑之言。

三、对于自我的理解与定位

在爱情当中，向对方袒露自我，是最为常见的现象。一个人的自我袒露越是彻底，往往意味着在爱情上投入得越是深入。由上文的考察可见，唐君毅对于谢廷光的爱情极为真挚和投入。因此，爱情中的唐君毅向谢廷光所表达的对于自我的理解和定位，或者说他的自我剖析，也极为细腻。

由唐君毅给谢廷光的情书可见，对于他自己的理解和定位，唐君毅的表达大体可以分为学术与人格两个方面。就前者来看，唐君毅对于自己在学术思想上所可能取得的成就，表现出了高度的自信。就后者而言，唐君毅对于自己的个性做出了极为细腻的剖析和评价。

唐君毅年轻时即有成为哲学家以及大学者的自我期许和自信。这一点，在别人看来或许未免自负甚至狂妄，但对唐君毅自己来说，却是基于自我审视的客观判断。对此，他在给谢廷光的信中，不止一次有明白的自述。例如，在 1938 年唐君毅年方 29 岁时，他即写道："中国真正的哲学家太少了，我想中国应该多有几个，许多朋友于此鼓励我扶持我为我延誉。（绍安是最早的一个）我自己也渐渐相信自己真能。因为哲学的天才其本质在能常常自反，在永远有原始人小孩子那样的心，那样好奇，那样新鲜，我想我是有的，我想只要假以年或使我再能到他处读书，我必然有特殊之成就，与古人比美，又何难哉。"（页 42—43）

而在 1940 年 4 月 2 日，刚届 31 岁的唐君毅甚至写下了这样两段话：

> 我的学问在中国哲学界的人几无不相当知道，我无论在大学中学中教书，我总可得一些人的赞美，我到教部来全是因陈部长见我之文章而特请我来写关于中国未来文化最重要之哲学著作。我今年三十一岁，我作的文章札记已发表未发表者有二三百万字。在一般人看我无论那一方面都不在人之下，但是这些对我算什么。我的生命力全在我的

内部,我将来的发展是无限量的。我老实对你说,在学问方面,现代人无一人能全了解我,除了上帝及历史可以估定我的价值,现代人是不够的。(页 51)

在此七八年当中一方面要负家庭责任而找钱,一方又要造学问,一方面又不愿奔走,不入党不入学系,所以各种择业都要细心权衡,好容易现在才在社会上得了一点地位为人所知,以我这样的环境,而将世界上中西印的哲学书重要者均读过,能了解文学科学,而自己有一贯思想,写这样多文,我老实说我不曾见第二人。(页 52)

所谓"我将来的发展是无限量的。我老实对你说,在学问方面,现代人无一人能全了解我,除了上帝及历史可以估定我的价值,现代人是不够的",以及"以我这样的环境,而将世界上中西印的哲学书重要者均读过,能了解文学科学,而自己有一贯思想,写这样多文,我老实说我不曾见第二人",再明显不过地表明,对于自己在学问上已取得的成绩以及将要取得的成就,青年时期的唐君毅已经有着极高的自我定位。

同年 10 月 11 日写给谢廷光的信中,通过一方面回顾自己过往的成绩,另一方面展望自己未来十五年之内的抱负,唐君毅对于自己在学术方面的高度自信,表达得更为明确。他说:

我对于我自己有非常自负之处,对于学问的某方面,我自信我真有绝顶的天才,不过这一句话许多人不愿意信,我以前亦不好如何向你说,怕你说我夸诞,现在我们之间莫有任何距离,我的好处你当视如你自己的一般,不消分别彼此,所以我可以尽量同你说。我在十五岁时能作五千字的哲学论文,二十岁时我自己思想即有一理智的系统,所以我二十一岁时,公然在当时的四川大学教半年书,下半年又出川读书,当然教得不好,然而对那些年近三十的学生讲书,我一无愧色,因为我已有我的自信。……二十岁以后思想当然屡经改变，但是只有进步无退步。去年一月十七日我三十岁，我自己认为我之哲学思想规模已立，我之人生观大体已定，我自命为已到三十而立之年。我现在已成立一哲学系可以由数理哲学通到宗教哲学。其解决哲学史上之问题，许多地方真是神工鬼斧、石破天惊。我的志愿想在十五年内写三部大著作，一关宇宙者、一关人生者、一关宗教者，自以为必传后世。（页103—104）

紧接着上封信一周之后，也就是在1940年10月19日，唐君毅在给谢廷光的信中，又有这样的话："我自己认为至少在现代中国尚莫有其他的学哲学者能像我这样对于人格之价值、精神之价值、爱之价值不特有更深切的体验，而且能贯通古今中西印三方先哲之学说，以一新体系之面貌说出者。"（页116）这显然是极为自信的表现。

就在这封信不久之后的11月，唐君毅在给谢廷光的信中，再次表达了他对自己学术的高度自信。他说：

光妹你不会说我太夸大吧！我望你真正相信我，在道德人格方面，我有许多缺点，这点我许多地方不如你，但在学问方面，我相信我的路子同根本方向是不错的，在识见方面我是高过许多人。光妹我不是吹牛，我相信如果我以后环境顺遂一点，我一定在学术文化界有最高的贡献。因为我现还年轻所以大多数一般人不很注意我，但许多老先生望我当他的传人，许多师友称赞我，这不是偶然。而我所表现于外的，尚不过我之十分之一，所以我相信我将来必有极伟大的成就。（页123—124）

我愿意你在学问上听我的话，因为我们之间的关系是一种太亲密的关系，我恐怕你会疏忽我的话。所以我希望我在你面前一方面是同你莫有一点距离，但是在谈学问的时候，你最好把我当作与你有距离，如古人或外国人说的一般，至少要如你学校先生说的一般。实际上你们的先生虽

各有专长,但是在学问规模方面绝对不如我,这有许多人都能承认,你不信你将来多问问人便知道了。(页123—124)

这两段话中,"在识见方面我是高过许多人""我一定在学术文化界有最高的贡献""我相信我将来必有极伟大的成就",以及"你们的先生虽各有专长,但是在学问规模方面绝对不如我",出自一个年仅31岁的年轻学人笔下,自然会令读者觉得其人不免自大。但是,作为情书中的表达,恰恰反映了唐君毅在学术方面对于自我最为真实的理解和定位。

至于在人格方面,唐君毅的自我理解和定位是多方面的。例如,他在1940年4月2日给谢廷光的信中便说:"在我未与你通信以前,我常常的想法都是能当一永远孤独的哲人。我愿面对着苍茫的宇宙与神的理性接触。最初提婚事我不过是顺母亲的心结一次婚而已,我并不希望有真正同情了解我的人。但是我后来渐有此希望,我的性格是多方面。一方面是哲学的方面,一方面是宗教的方面,一方面是道德及社会事业的方面,一方面是文学情绪的一方面。"(页50)以下,我们也分别从他在给谢廷光信中的自述,来看看他对于自己人格不同方面的剖析,以了解唐君毅的自我理解与定位。

首先,唐君毅认为自己在人格上是可爱的。在1940年5月28日给谢廷光的信中,他说:"我可以不客气的说,我自己是值得人爱的。我不怕你笑,我有时想如果我是女子,我一定以爱我自己为人生最高幸福,这话说出来你会说,我有神经病,但是我的确以为如此。但是我对女子却有一重要的条件,即必须她绝对的倾心于我,真感到我人格之可爱,我才真爱她。因为如果她能感到我人格之可爱处,她本身也决不平凡。"(页90)这话在今天看起来,也许会让人觉得唐君毅既自恋又自大。不过,这正是他真实剖析自己人格的表现。

其次,唐君毅比较早地即从人性和神性的合一来理解自己的人格特征。同样在1940年5月28日给谢廷光的信中,他说:"我有时真觉我的心如上帝一样伟大,富于同情与谅恕,这真是莫有人知道。我是人但是我同时是神的化身,我有罪过与苦痛,然而我不断的超越而上升,这是我人格之特征。如果我有悲哀,我是悲哀莫有人真能了解我这点而愿意同我共同创造人生的伟业。但是话不能不又说回来了，这话真是无法说的，因为说到悲哀又说到我的人性一面去了。谁能够透视我之人性与神性的连环，爱我人性中的神性而满足我人性中的悲哀，那真是我第一个知己。"（页91）

除了以上两点之外，唐君毅还反省了自身性格上的三个缺点：其一，是"多疑"；其二，是"自尊"乃至有时"傲慢"；其三，是所谓的"虚荣心"，或者更为准确地说，是"荣誉心"。

关于"多疑"，前文提及，曾经因为另有他人一度对谢廷光示好，导致唐君毅陷入长期的不安全感之中。这当然不能不与他敏感多疑的性格有关。对此，他也曾自我剖析，向谢廷光明白地表示多疑是自己的缺点。在1940年10月11日给谢廷光的信中，唐君毅说："我常常多疑，这是我的缺点，不过在根本上我是相信人的，因为我的疑都是坦白的说与我相信的人。而且我的疑虑一经解释，便漠然释之，这点我望你相信。廷光妹，我现在的确对你莫有一点怀疑了，我想你更富于信心，一定能相信，而且我望你以后万一遇着我有关于任何事的怀疑向你表示时，你都不要着急，你要想着这个人的疑是不会久的，是可以解释的。只要你愿意解释，去他之疑之权柄是在你自己手中的。"（页101）这里，对于"多疑"的自我剖析，当然与唐君毅的不安全感有关。而这种自我剖析，虽然其中也包含着希望谢廷光能够化解其"疑"的诉求，但同时也可以视为唐君毅的一种自我治疗的方式。

不过，在唐君毅看来，自己人格上最大的缺点，还不是多疑，而是另外两点：首先，是自大甚至傲慢；其次是虚荣心。对此，他在1940年11月9日给谢廷光的信中写道："我实在同你说，我最大的缺点有二：一是过于自尊有时有些傲慢，其次便是虚荣心，不过我的虚荣心，与其说是虚荣心不如说是一种荣誉心，还是由我之自尊不愿受人轻视来的。因为我是如此，所以我自己对于名位不能全不计较，而且我觉有名位才能作事。正当的名位之取得即合于真善美之名位之取得，也不算罪过。所以我也不勉强克制它，只是我也不迫切追求它而已。"（页131）

关于所谓"自尊有时有些傲慢"，如果我们关联于上述所论唐君毅在学术上对于自己的高度自信，便不难理解了。在现实生活中，唐君毅自始至终都未曾给和他接触过的人以自大甚至傲慢的印象⑥。所以，这里唐君毅自陈的"自尊有时有些傲慢"，恐怕并不真正构成其人格上的缺点，而只是他对于自己学术上的高度自信在日常中偶尔不免流露所做的自我反省。也正因此，他这里对于"自尊有时有些傲慢"并未做过多的解释，而是更多地谈论了"虚荣心"的问题。

不过，对于所谓的"虚荣心"，唐君毅讲得很清楚。他认为，那其实并不能叫虚荣心，而是一种"荣誉心"。至于这种荣誉心是什么意思？为什么会有这种荣誉心，唐君毅的解释也很清楚。在他看来，他的所谓"虚荣心"只是由其自尊以及不愿受人轻视而来，所以严格来说那并不是虚荣心，而是荣誉心。有荣誉心的缘由，在于他有做事的志向。这一点，原本是儒家"外王"一面的自然要求。事实上，唐君毅无论在中央大学担任哲学系主任，还是在江南大学担任教务长，尤其是后来和钱穆（1895—1990）、张丕介（1905—1970）等几位先生在香港创办新亚书院，筚路蓝缕，并在世界范围内弘扬中国哲学，都可以说是来自他"做事"的意愿。

做事需要一定的名位，所谓"名不正，则言不顺；言不顺，则事不行"（《论语·子路》）。在这个意义上，唐君毅的"荣誉心"其实是对于做事所需要的一定名位的考虑。并且，他虽然认为做事需要一定的名位，甚至说"正当的名位之取得即合于真善美之名位之取得"，因而并不能真的算是一种缺点。但是，他同时也表示，自己虽然并不勉强去克制荣誉心，但也并不迫切去追求名位。就此而言，较之那些蝇营狗苟、一心追求权力和地位之人，唐君毅的所谓"荣誉心"，可以说完全算不上什么缺点。他在给谢廷光的信中对此的自我叙述和剖析，只能说恰恰是他个人常能反躬自省的修养功夫的表现。

唐君毅对于自我的理解和定位，虽然可以从学问和人格两个方面分别言之，但是，对于他自己究竟可以说是怎样一种人，从他1939年6月和1941年11月18日先后写给谢廷光的这两封信中，我们可以清晰地看到他自己的概括和总结。

---

⑥ 唐君毅生前友人、学生和亲人对他的回忆，参见《纪念集》（上）（下），《唐君毅全集》第37、38卷。

在 1939 年 6 月的信中，唐君毅这样写道：

> 因为一方面不愿意失去我精神之自由，一方又要尽我之家庭责任。我爱文化之创造，爱真善美之世界，我需要金钱以教育我弟妹，使母亲勿太劳。这两种心理都是好的，然而世间上的好常常是冲突矛盾的。我觉得一般人是幸福的，因为他们只有财色名三字。特殊的人永远只是苦痛的，因为他宝爱自由，有真善美之观念、责任之观念，而他们不免需要一般人所需要的东西。他需要钱财，为的使他有余时来从事文化创造，来尽他的家庭责任。他需要名誉，因为他如永在社会沉沦，他便不能把他真善美之理想普遍化，由社会的同情而更鼓励他之努力。他需要爱情，因为他的冥心独往，昂头天外，超出尘表所生的寂寞要人来补足慰藉。他要实现理想，他需要现实的扶持，而他又不屑于与一般人一样的去追求现实。他自己造成他自己的矛盾冲突，他自己作成他自己的苦痛，他的性格决定他悲剧的命运。然而他这种悲剧的命运社会上的一般人是不会同情他了解他的。因为一般人不知他何以要求真善美。他们不相信人会有超凡绝俗的精神。神同天生的圣人也不会了解他的，因为神同天生的圣人，不知道他何以一方追求超世间的东西，一方仍忘不了世间的东西。一般人与神圣其生活都是和谐一致的。只有特殊的人，人而有神性的人，则永远是在矛盾冲突中过日子。这一种人在古今中外是太多了。我自己知道我正属于这一类。（页45—46）

写这封信的那一年，唐君毅刚满 30 岁。但就在此而立之年，他对于理想与现实、神圣与世俗之间的紧张和冲突，已经有了清醒的认识和深刻的观察。在这段话中，唐君毅对"一般人"和"特殊的人"做出了区分，并着重指出了"特殊的人"具有怎样的特点。在他看来，"特殊的人"永远是痛苦的。之所以如此，在于"特殊的人"一方面"宝爱自由"，且具有一般人所缺乏的"真善美之观念、责任之观念"，同时又不免需要一般人所需要的"财色名"。所谓"他需要钱财，为的使他有余时来从事文化创造，来尽他的家庭责任。他需要名誉，因为他如永在社会沉沦，他便不能把他真善美之理想普遍化，由社会的同情而更鼓励他之努力。他需要爱情，因为他的冥心独往，昂头天外，超出尘表所生的寂寞要人来补足慰藉。他要实现理想，他需要现实的扶持，而他又不屑于与一般人一样的去追求现实"。也正因此，特殊的人"造成他自己的矛盾冲突"，"作成他自己的苦痛"。并且，这种冲突和苦痛是"一般人"和"神和天生的圣人"都不会理解和同情的。因为一般人既"不知他何以要求真善美"，也"不相信人会有超凡绝俗的精神"。而神和天生的圣人，则"不知道他何以一方追求超世间的东西，一方仍忘不了世间的东西"。因此，这种特殊的人之所以永远要处在矛盾、冲突和痛苦之中，关键就在于他们是"人而有神性的人"。而唐君毅深知，他自己正属于这一类。因此，可以想象，当唐君毅写出"他的性格决定他悲剧的命运"这句话时，其心中所念，多半正是他对于自己的理解和定位。

而在1941年11月18日的信中，唐君毅有这样一段话：

> 光妹，近来我真是非常的苦痛，自然我离开了你同母亲、二妹他们是我苦痛之一。但是此外还有无数的内心痛苦。然而我最痛苦的是我之痛苦不能向你们说，因为我不愿使他人为我痛苦。我又莫朋友我可以向他倾吐一切，我又有我的自尊不愿意人对我表示假同情，所以一切痛苦便只有吞在心怀。光妹：我有时真怀疑天为什么要生我，使我成这样一个人，我一方面可以在理智上解决一切宇宙人生问题而无遗憾，另一方面在情绪上我竟一点问题都不能解决。光妹，实际上我是一弱者。但是我又自认为是强者。我常想安慰他人一切的痛苦，我不受一点安慰都可以，然而又偏常常希望有人能了解我一切而与我以安慰，我总是在矛盾中生活，这真是最不好的事，我尤不愿我的矛盾生活感染到别人，我有时真想我就让我自己把自己毁灭吧！不要

使人受我不健全生活形态的影响。然而一切责任的观念又不能允许我毁灭自己，而且我的哲学又是相信灵魂不死，如果死了一切都完了固然是好，要不然我还是要在三界流转又怎样得了呢？……光妹：你不要以为我是在为什么特殊的事苦痛，我的苦痛全在我的内心，我是不能以理智克制情绪，同时我近来深感到我生命力的衰弱，我有时觉我似在黄昏道上的旅客，不知宿店在何处，我的苦痛全是精神的。我有时常幻想我宁肯自地狱中的刀山上踏过，不肯受这许多精神上的苦痛。……我第二种苦痛是我爱两种极端相反的人格的心态，一是非常丰富经过各种矛盾而综合成完整体的人格心态，一是纯洁朴素玉洁冰清的人格心态。我是近乎前一种，然而我企慕着后一种人。……我还有第三种苦痛是我的神性与人性的冲突，在我的神性一面我真对于人类有无尽的悲悯，我可以原谅人之一切。但是神却是普爱众生，不能与任何人有特殊关系的，如果我要尽量发展我的神性，只能当一普泛人类爱者，一宇宙的情人。如果我要与任何人发生一种特殊的人的关系，那人性中的弱点便与我离不开。（页 157—159）

在这段话中，唐君毅向谢廷光诉说了自己的苦痛，其中之一便是神性与人性的冲突，这和 1939 年 6 月的信中所说完全一致。而除此之外，他还向谢廷光剖析了自己在理智和情感上的矛盾，认为自己一方面可以在理智上解决一切宇宙人生问题而无遗憾，另一方面在情绪上竟一点问题都不能解决。正因为这也可以说是唐君毅对于自己是怎样一个人的基本判断，以至于在两天之后给谢廷光的又一封信中，他再次表示"现在才知道理智上我虽然能解决一切，然而在情绪上我是一点把自己都无法"（页 168）。

总之，由上述两封信的内容可见，唐君毅基本上把自己理解和界定为一个充满矛盾的人，这个矛盾既在于人性和神性之间，也在于情感与理智之间。而他所有的苦痛，在他自己看来，都来自这种矛盾。

四、对于社会事业和理想的理解

前引"有名位才能作事"的话，与唐君毅对于"社会事业"的理解有关。除了个人的思考与学术工作之外，唐君毅也有自己的社会理想，并希望借此改善人类社会。这也为他今后投身新亚书院的事业，直到为之鞠躬尽瘁、死而后已，埋下了伏笔。接下来，就让我们看一看爱情中的唐君毅如何表达他对于社会事业和理想的看法。

在 1940 年 10 月 19 日给谢廷光的信中，唐君毅更为明确地指出，他对于名位的考虑，与其社会事业和理想有关。或者更为准确地说，他之所以也会考虑世俗的名位，是为了实现其社会理想。他说：

> 前日的信发了后，我想你收到此信一定会说我好名，我是相当的喜欢人的尊敬，我希望我更有名一些，我不否认，不过弥尔顿（Milton）有一句话，好名是大人物最后的一个缺点。我的修养不到家，我愿承认，只是我想我不是好虚荣，我是觉我本受委曲，我觉得社会所与我之名位同我自己所当有的相差还太远，所以我总有些不平。还有一层最根本的原因，是我希望有高名位后，才能多作一些事，实现我之社会理想。（页 114）

显然，在唐君毅看来，名位只是"多作一些事"并最终实现社会理想的必要条件而已，本身并不是他要追求的目的。那么，他要做什么样的事业？他的社会理想又是什么呢？对此，在上引同一封信中，唐君毅有明确的交代。他说：

> 我自己觉得我的责任非常之大，我希望我的哲学书，能为一改造现世界之残忍冷酷欺骗丑恶的力量之一，以解除人类今日之苦难于万一。但是我又想我莫有高的名位，我书之影响便不能很大。而且我要宣传一种爱之福音于世界，我一人之著作是不够的，我希望有很多的人著多方面的

宣传此种思想之著作,我并不求人与我一致,我也不想当教
主。我在学术上的态度是非常宽大,我觉得只要目标都在
使人类社会更合理想的著作,我都非常赞成。所以我想集
合一些学问上的同志来共同研究学问著作,并办书店、办杂
志、办报纸、办学校来共同作一种促进人类理想社会之实现
的工作,这是我的最高的志愿。然而当我想到我有如此之
志愿而要去求达到时,我便想到我的名位之低,我不能真正
登高一呼万方响应,以造成一种文化运动,所以又常不禁灰
心,反而想到社会对我太薄了,于是生许多感慨。不过我现
在已决定了,一切的事都当不问收获,但问耕耘。只是尽其
在我。(页 116)

由此可见,唐君毅要做的事业,是"集合一些学问上的同志来共同研
究学问著作,并办书店、办杂志、办报纸、办学校来共同作一种促进人
类理想社会之实现的工作",这当然是一种文化的事业。并且,这一
事业是他的"最高的志愿"。由此来看,从他后来的一系列作为,特别
是他新亚书院的生涯来看,未尝不可以说他的事业做成了,他的志愿
实现了。而他的社会理想,则是上引文的第一句:"改造现世界之残
忍冷酷欺骗丑恶""解除人类今日之苦难于万一"。毫无疑问,这正是
儒家"外王"和"淑世"理想的反映。

在传统君主制的社会,儒家知识人或者说"士"(scholars),必须
要以"大夫"(officials)的身份来谋求自己社会理想的实现。然而,他
们的理想在历史上从未得以实现。恰如朱熹所说"千五百年之
间,……尧、舜、三王、周公、孔子所传之道,未尝一日得行于天地之间
也"(《朱文公文集》卷 36《答陈同甫书》)。但是,随着帝制的终结以
及中国进入现代社会,儒家的"外王"和"淑世"事业,不必再以直接进
入政治领域为前提。儒家知识人在剥离"大夫"的身份之后,单纯以
"士"的身份,反而可以更好或者至少更为独立的方式去追求其社会
理想的实现。因此,对于作为儒家知识人的唐君毅来说,把从事文化
教育工作当作自己的志愿,以实现其"改造现世界之残忍冷酷欺骗丑
恶"以及"解除人类今日之苦难于万一"的社会理想,可以说是顺理成

章的。

对于通过从事文化教育事业以实现社会理想来说,或许唯一需要的便是一定的社会名位。也正是且只有在这个意义上,唐君毅才说:"当我想到我有如此之志愿而要去求达到时,我便想到我的名位之低,我不能真正登高一呼万方响应,以造成一种文化运动,所以又常不禁灰心,反而想到社会对我太薄了,于是生许多感慨。"而即使如此,唐君毅最后也依然表示,"一切的事都当不问收获,但问耕耘。只是尽其在我"。这显然寸步未离儒家基本的价值立场。

唐君毅把名位视为从事事业、实现理想的条件,或许与其现实中的种种遭遇有关。他不止一次遭遇到的委屈,都是因社会名位不够且社会上的大部分人都是势利之徒所致。正是他所蒙受的种种委屈,使他产生了需要社会名位来做事的看法。

例如,在 1941 年 6 月 2 日给谢廷光的信中,唐君毅向她讲述了自己在中央大学遭遇到的职称评定一事。通过这件事,唐君毅指出,一个人外在的名位(名义)对于其社会作为以及所能产生的影响的极大制约。他说:

> 我还告诉你一不相干的事,即我之教员资格,前天一友来信说,教部学术审议会已正式审为副教授,而且是自前年算起。依理到明年便满三年,可以升为正教授了。可恶的是中大以前我来时无副教授之名,去年发聘书时亦无此名义,后来有少数与当局接近的人疏通,当局就改了,我事先不知,所以应了聘,到了学校才知有例外。我于是向哲学系主任提抗议,但他去与学校交涉,学校当局说此时已迟了,我当时颇不高兴。今年哲系全体同事又向学校当局抗议,才允下年改名义,我觉我受了很大的委屈,我之想走此是一因。但是学术审议会此次审查结果,许多学校聘为教授副教授的都被教部驳了。(因自前年起,即外国回来者,亦一定要有博士学位与著作者才能任副教授,要副教授三年才能升正教授。)我的此资格应由前年即算起,所以我觉也出了一口气。(因为学术审议会是全国大学校长及名流组成

的,我的著作是经数人审查的,其实审查者我亦看不起,不过总比中大当局高明些。）其实我并不计较名义,我在某一方面也原谅他们的苦衷,因为此外比我资格早十年以上的还多呢,但是可恶的是有些例外。而且此种资格根本不足凭,我送审的著作都是我二十八岁以前作的,我的证明文件其中有一张主要的是我廿一岁时在川大教了二点钟书的证明文件。如果真要说我在上前年便当改为正教授了,我想以后改正不致有问题,而且正副也无多大区别,因为学校中除了校长,一切院长正副教授同可兼任,而且我根本看不起一般大学教授,只是我不经此阶段说话无人信,即要骂人亦无资格,别的人总说我嫉妒或者夸大,所以我才计较一点名义,请你不要笑我好名。（页149—150）

这里所谓"说话无人信""骂人亦无资格"的话,说的就是在缺乏社会名位的情况下,个人的作为与影响所受到的限制。当然,其中有些话,如"我的著作是经数人审查的,其实审查者我亦看不起,不过总比中大当局高明些"以及"我根本看不起一般大学教授",也再次显示了他在学问上的高度自信。当然,他在说了这番话的最后,依然没有忘记向谢廷光解释,自己并不是世俗意义上的"好名"。

在同一封信中,唐君毅还说:

> 我常有一种理想要为社会人类作一点事,我十年来最苦的便是地位上太受压迫,社会上一切的事全是留学生的世界,我真起火。我又不是专为自己,我自觉负了一大使命,所以我才不平。其实为我一人计,我最喜欢的还是田园生活,谁愿在世界上争名夺利呢? 我自己常想出名,是想我出名以后可以多对社会发一些言论,祛除一些学术文化上的错误。光妹,我将来想当一教育家或文化运动家,我现是想更有一些社会地位,但是将来如遇与我理想冲突时,我随时可以牺牲我之一切社会地位,这样才可以见我理想之崇高,而为天地留正气。（页150）

这里，唐君毅再次向谢廷光表白，自己对于名位的考虑是为了做事，而且是文化教育事业，所谓"我自己常想出名，是想我出名以后可以多对社会发一些言论，祛除一些学术文化上的错误"。而在最后，他再次强调，如果理想与现实冲突时，自己随时可以为了崇高的理想而放弃那些社会地位。

值得留意的是，在这段话的开头，唐君毅特别表示了自己在社会地位上的受压迫与留学生有关。20 世纪上半叶的中国社会，尤其是知识文化界，有国外留学背景者，相对较易在高等院校得到更好的教职。但是，留学生中非但并非个个都有真才实学，甚至不乏欺世盗名之徒。作为当时局内人的钱锺书（1910—1998），其《围城》一书，便揭露了这一现象。因此，在教育界普遍崇洋的风气下，像唐君毅这样并无留学经历的人，自然会感受到有形与无形的压力。尤其是，如果希望通过做事来实现社会理想，但因没有留学经验而受到压迫、不能具有相应的社会地位，那种感受会更为强烈。事实上，更早在 1940 年 10 月 11 日给谢廷光的信中，唐君毅已经明确地流露出了那种感受。他说：

> 我对民族人类有我的责任感，我很想办一些文化教育事业，我注意了好些可以同志的朋友。我决不甘于为一普通人。这从我十六七年来之日记可见。但是廷光妹我有很多的困难痛苦，我从二十二岁起便负弟妹教育之责，而且以无钱留学之故，毕业后好些年都受人压迫，近二三年自己之学问乃为人认识一小部而稍露头角。以我之自负之大，自尊之强，所以稍微一点气，都不能受。譬如我二十多岁在京沪各杂志发表的哲学论文，远近的人都以为我是中大正式教授，然而我在那时只是一助教，别人有因闻我之地位低，转而轻视我者，这种地方我是非常的气。因此常常烦恼，直到现在还有许多烦恼。（页 105）

这里所谓"以无钱留学之故，毕业后好些年都受人压迫"，透露了当时留学背景之有无对于学界人士社会地位之轻重的影响。而当时的人看到唐君毅发表的文章,以为他是中央大学的正式教授,这说明他的学问已经达到了相当高的水平。然而,当得知他还只是一名助教时,便转而轻视他,则表明那些人其实在乎的并不是学术水平,而只不过是外在的名位。令唐君毅非常气愤的,是社会上那些人的势利。这种受轻视、受压迫所导致的社会名位的缺乏,使他难以通过做事去实现自己的社会理想。他的烦恼,更多地正源于此。

当然,唐君毅向谢廷光倾诉自己想要从事的事业和理想,以及因事业和理想受挫时产生的烦恼,表明他希望在爱情中得到精神和情感的寄托,从而消除自己的烦恼。事实上,也的确是他和谢廷光之间的爱情,让唐君毅在事业和理想的问题上并不总是消极低落。正是在得到了爱情充分滋养的情况下,唐君毅反而才会要提醒自己不要陷溺其中,以至于疏忽了自己的事业。这一点,在他 1946 年 10 月 16 日给谢廷光的信中,有充分和明确的反映。他说:

> 我好多年已定我对人类文化应尽之责任,我想我以后,我不会弛缓我的努力。光妹:你知不知道我有时牵着你手时,一方还在提防自己成了陷溺于爱情中的人。因为我觉得如果只爱你,全忘了其他的一切,那便是罪过。自然我此三月中把许多应作的事都停下了。但我自始是自觉的要如此。我相信我回重庆以后,定会更加紧我的工作。光,我知道你也是爱我的理想,也望我多作一些事,我将不负你对我最高卓的希望。(页 153—154)

总之,从唐君毅 1940 年代给谢廷光的书信中可见,他对于社会事业有自己的理想,甚至为了能从事社会事业、实现自己的理想而考虑自己的社会名位问题。也正是由于其社会理想,唐君毅后来才在香港与钱穆、张丕介一道创立了新亚书院,在那个风雨飘摇的时代,在一片特殊的土地上,为中国文化尤其中国哲学传统的存亡继绝,做出了巨大的贡献。这种为了理想而从事社会事业的背后,其实可以说是一种牺牲的精神⑦。

当然，唐君毅后来也曾向谢廷光自陈自己其实并不适合做事，如他在1957年5月9日旅美期间给谢廷光的信中说："我之性格不适宜于在今之时代办事，如果在太平之世，我可以认识各种人之长处，可以让人各得其所，当一太平宰相亦可以，但在此乱世，到处有冲突矛盾，顾此则失彼，故我不宜于作事，只有在夹缝中过活，如在中央大学、江南大学都是在夹缝中，中央大学哲学系主任及江南大学之教务长均作不好，即因此故。"（页255）不过，这已经是他与谢廷光早已成家多年之后的后话了，既已经历了他的种种社会事业，也与他在当初爱情之中的心境，有所不同了。

五、对于人生的理解

在唐君毅给谢廷光的情书中，还表达了他对于人究竟是什么、如何理解人类社会、人生的目的何在以及应当如何看待人生这些问题的看法，总之，是他对于人生的理解。事实上，他对爱情和男女关系的理解，也正是基于他对于人究竟是什么或者说人的本质是什么这一根本问题的理解。他将爱情和男女关系的本质理解为精神的合一，正是由于他认为人在本质上是精神的实体。

在现存给谢廷光的婚前情书中，唐君毅1940年5月5日写给谢廷光的信是最长的一封。其中，唐君毅比较集中地表达了他对于人究竟是什么这一问题的看法。在信的第二段，唐君毅直接对"人究竟是什么东西"给出了他的解答。他说：

> 人一方系于超越的精神界，一方系于现实的物质界。从内部看每人都自知他是一精神的实体，从外部看则我们只看人的身体的物质，连我自己用五官来看我自己也是物

---

⑦　唐君毅去世4年之后，谢廷光曾说："唐先生有些好朋友常劝他不要弄行政的事情，应该专心著述，不要浪费时间和精力在人事问题上面。但他的想法就不一样，他愿意牺牲，唐先生就是肯牺牲。"谢廷光：《先夫唐君毅先生二三事》，《纪念集》，《唐君毅全集》第38卷，页532—535。原文刊于《华侨日报人文双周刊》，第243期，1982年2月8日。

质。然而我们试反省我们内部经验即都是一精神的实体之表现。从外部看人实与一切动物以至植物矿物都不过是一些原子与分子之组合，然而从内部看则有各种情调志愿思想与无穷无尽之精神意义与精神价值。从外部看只有已成的过去与刚才的现在，从内部看则有憧憬的无穷的未来。从外部看一切都是可以科学的定律来解释我们一切行为的因果关系，从内部看则我们明明自觉有自由。从外部看人不过七尺之躯占极小之空间与极短之时间，从内部看则每人心中都可想像一无穷的空间与时间，每人都能认识一整个的宇宙，一人之心即启示一天地。从外部看人永远是有限，从内部看则人要求无限。科学通常总是从外部看人，而文学艺术宗教哲学则要人从内部看人。从外部看人到极点人不过十四种原质之化合，一分离便完，无所谓意义与价值，便亦无所谓道德修养之必要，也看不见任何人之人格，然而从内部看则人要求真善美之价值，要求人生之意义，便要修养他的道德，完成他的人格。从外部看人各种人同样的吃饭睡觉，从内部才看得出各种人有各种不同高下差别之人生理想，无尽悬殊之各种人格。从外部看人只见人的本能欲望，从内部乃见人之性灵。所以从外部看人见人都不过如此，都很平凡，而从内部看人则以其性灵之深度之不同，而觉特殊人物内心之深远不可测。（页 58—59）

在这段话中，唐君毅通过"从外部看"与"从内部看"的各种对比，指出了"人一方系于超越的精神界，一方系于现实的物质界"。在他看来，从外部看，人不过是有限的物质存在。这种有限性表现在人既受到因果性的限制，又不过是时空中的一个点，更只有本能欲望和利害计较。但是，从内部来看的话，人作为精神的实体，则具有自由，要求无限，要求真善美的价值与人格。"从外部看人见人都只有本能欲望，人与人间只有利害上互相关系，从内部看人，性灵与性灵相遇，精神与精神相感，而后有超利害的敬意与同情。"（页 59）并且，精神与物质两者相较，前者才是界定人之所以为人的最为重要的方面。

也正是如此,对于唐君毅来说,人之所以为人,根本在于其精神而不是身体的方面,身体只是精神的表现。他在 1941 年 4 月写给谢廷光的信中,再次直接表达了这种看法。他说:"人根本是一精神存在,身体只是精神的表现,人之饮食只是为藉物力来表现精神活动,所以生理也隶属于心理。若从哲学上讲,根本无所谓生理与身体,只有精神之表现。身体只是精神的衣服,身体只是不自觉的精神凝成体,精神如气,身体如水,譬如男女间吧,这话真不好同你说,因为我们间也有这种莫明其妙的关系,不过你只当客观道理来看好了。"(页 141)

在唐君毅看来,正是由于人更是一个精神的实体,所以人不会仅仅经验自己的内部世界,还会进一步追求了解别人的内部世界,与他人的精神性灵相通。他说:"人因为有身体,在一方面是一物质的存在,每一人之身体与他人之身体是两种物质之存在,物质不同所占之时空不同,于是人与我之间就有一原始的对峙关系。由这种原始的对峙关系,所以人与人之间总有距离与隔阂之存在。每人最初只经验他自己个人内部的世界。他人的内部的世界最初总是为他封闭的,所以只见他人之外部。然而人真正所求的是什么? 人真正所求的都是他内部世界的扩大而通到他人内部的世界。所以人所求的便是打破那原始的对峙关系的隔阂,而与他人之精神性灵相通。所以人愿了解人愿被人了解。人与人间有同情有爱,有人格之佩服有人格之欣赏,有道义之相勉,这些都是人与人内部世界相通的象征。"(页 59—60)显然,只有精神的实体才会要求彼此之间的连接与感通。

唐君毅还认为,也正是由于人们彼此之间的精神世界相通,才会形成人类社会。人类社会便是各个精神实体彼此相联而成的一个大的精神实体。同样在 1940 年 5 月 5 日给谢廷光的那封最长的信中,唐君毅这样写道:

> 人与人间内部之相通,使社会成为可能,使人感其生命意义之增加、生命内容之丰富、生命价值之提高、生命理想之扩大,使各个别的精神实体联系起来成一大精神实体。使各个别人格联系起来成大的人格。……人与人间有大精神大人格之存在,宗教家对之取信仰的态度,哲学家对之取

了解的态度,文学家对之取直觉之态度,但是只有由信仰了
解直觉他之存在而付之于道德行为的实践,逐渐扩大其自
我的人,才能真接触他。……假如一个人了解精神与人格
之实在,而且真把他们视作如山河大地之实在,他将视一切
物质都不过一精神之象征符号,都是一精神与精神相通的
媒介。……整个的物质界都是精神用以表示他自己之工
具。我们的身体内部所包裹的全是精神,他人的身体亦然。
身体是精神的外衣,精神须要物质,只因为他要赖物质来表
现他自己,使他人由见他之身体而认识他之精神。于是物
质复成精神与精神相通之工具,而物质亦含精神的意义。所
以一个真了解精神物质之内外关系的人,必一方藉物质及身
体来表现其精神,同时于他人之物质及身体之表现,去透视他
人之精神,而使他的精神与别人之精神相通。(页60)

可是,人又如何才能做到使自己的精神与他人的精神相通以形
成人类社会呢? 对此,唐君毅说:

我们普通人只当努力于使我们的心更大,但是我们的
心将何由而大? 一方面说是将我们之人生理想扩大,爱之
范围扩大,另一方面说即是破除自己原来之小。什么是小?
自限就是小。什么是自限? 把自己的心隐藏在内而不发抒
出来与人相通,便是人最容易有的一种自限。所以人与人
相处要坦白真诚恳切。因为坦白便是不把自己之心隐藏而
表现之。真诚则不仅是表现而是表现得有力。恳切则不仅
是有力而且望人接受,推心置人之腹中。所以坦白真诚恳
切即是放大自己的心,因自己的心到他人之心,则人我之心
相通,我之心便放大了。其次不替人设想也是自小自限,替
人设想之谓忠恕,不能容人之谓自小自限,能容人之谓宽
厚。其次不相信人也是自小自限,因为不相信人也是不愿
以由他人之表现而接触他人之心,这即是自小自限。所以
我想我们所惟一当努力便是使我们心大,不要自限自小其

心。大心之道在使自己之心与他人之心相通,相通即是以自己之精神与他人之精神接触。扩大自己之精神与人格而更逼近于圣,更与宇宙之大精神大人格合一。

　　此外我们使我们心大的方法,即使我们之智慧增大,智慧不是知识,知识是要知一定之理,智慧则原于自己生活之自觉,自觉是自己反省自己,自己反观自己,即跳出自己看自己。跳出自己看自己,即超越了原来之自己,而使自己之心更大。我们通常人之自觉程度很浅,愈高的人则愈能有深的自觉。愈有深的自觉则愈能超越自己而看自己,其考虑自己之事如考虑别人之事,这样即其心愈能清明,愈能清明的心即愈广大的心。从如此训练而来之愈广大的心,亦即能与人精神人格相通之广大的心,所以反观与反省是非常重要的事。(页61)

由此可见,对于如何使人彼此精神相通的方法,唐君毅的答案是:第一,要开阔自己的心胸,也就是要坦白、真诚、恳切,从而使自己之心与他人之心相通;第二,是要设身处地为别人着想,讲求忠恕之道;第三,是不要对人过于怀疑。至于如何做到这三点,则要通过经常的自觉反省,以获得智慧的不断增大。如此才能获得能够与他人之心相通的"大清明心"。显然,唐君毅的答案和宋儒张载"大其心,则能体天下之物"之说在涵义上完全是相通的,只是唐君毅的表述更为清楚和充分。

　　当然,除了人的本质是精神实体决定了人与人之间的根本在于精神相通这一点之外,唐君毅还认为"人的一切关系根本是一历史的关系。人根本是时间的动物,时间永远是携带过去以奔赴未来。人心的特质即在能反映过去于现在。动物大约只生活于现在,而人则能重新生活过去于现在。所以只有人是念旧的动物,怀念历史文化的动物"(页65)。

　　不仅如此,在唐君毅看来,开辟内在的精神的自我或人格,与他人内在的精神的自我或人格相通,以与宇宙的大精神、大人格接触,这就应该是人生的目的。而一个人如果真能够以实现全人类的大精神、大人格为终身事业,并且丝毫不以为苦,那么,这个人便可以称得上是"安而行之"的圣人。圣人以全人类的心为自己的心，如此便是最大的心，便可以说是上帝的化身。当然，唐君毅也指出，成为圣人只是普通人最高的理想，只能向这一理想趋近，不能指望一定成功。也正是在这个意义上，他认为只要不断扩大心量，力求尽可能与更多人的精神相通即可。

然而，唐君毅同时也指出，"如果一个人真抱此人生目的去决定他的人生行程，他自然也会随时遇见很多的苦痛，而随时发现他自己的罪过。但是人必需要感受苦痛，也免不掉罪过的，因为人是隶属于内外上下二世界。所以人根本存在二世界的矛盾之中。有矛盾便有冲突，有冲突便有苦痛"（页62）。这一看法，显然与唐君毅对于自我的剖析彼此一致。如前所述，对于自己作为那种"人而有神性的人""特殊的人"，唐君毅的自我理解正是矛盾、冲突和痛苦。这里所谓"人根本存在二世界的矛盾之中"，说的也正是这一点。

不过，如果说唐君毅在把自己界定为"人而有神性的人"和"特殊的人"时，强调的是他经常处在矛盾、冲突和痛苦的状态，那么，与这种消极的理解不同，当他谈及人生目的问题时，对于人的矛盾、冲突和痛苦，唐君毅又认为是完全可以消除的。他紧接着上面的话说："但是人如真努力向上，一切矛盾无不可和谐，苦痛无不可消除。而且一切苦痛本身有时即使人快乐，人有时愿意有苦痛自己创造苦痛，为的使他自己精神经过矛盾而更能得更大的和谐与快乐。罪过也是不能免的，因为人本要求上升于那内部的向上的世界，人偶然下堕便成罪过。然而只要真努力向上，一转念则复归于上，而罪恶无不可消除，此之谓我欲仁斯仁至矣。所以苦痛罪过也不是可怕的东西，最重要只是向上之努力。"（页62）

在这一番话中，唐君毅其实已经流露出了他对于人生的看法。在他看来，人生的根本固然可以说是苦痛和悲剧，这与他一直对佛教有极为同情的了解有关⑧，不过，更为重要的是，人应当如何看待人生

---

⑧ 在1940年10月19日给谢廷光的信中，唐君毅说："我这个人在宗教上是相信佛学的，我信灵魂不灭，而且信净土实有，我在晚年一定要学佛，不知在这一点你可赞成不赞成，务请你告我。"（页116—117）这并不只是唐君毅的早年之词。事实上，唐君毅不仅的确一直阅读佛教典籍以及相关的著作，在晚年更是频繁且大量地阅读了各种各样的佛教典籍与相关著作。这一点，在其《日记》中有多处清楚的显示。

的苦痛和悲剧。对此，唐君毅曾经以如何面对死亡和如何面对"鳏寡孤独"这四种人生的大不幸，来表达他对于如何看待人生苦痛和悲剧的看法。在 1940 年 5 月 24 日给谢廷光的信中，唐君毅这样写道：

> 人生根本是苦痛是悲剧，人之可贵即在承担苦痛与悲剧。第一件事便是一切人都是要死的，世间莫有不散的筵席。我记得在成都时，有一夜曾想到死的问题，我想我同一切亲爱的人都要一一在死前分手，我便幻想到我之父母弟妹朋友在最后将要人各别不同的棺材，散到各处不同的坟山，似乎见每一人都瞑目向地中沉去，那一种想像真使我感到极大的悲哀。这一种情绪常在我心中。我每当见一群一群的人聚合时，我便不禁要幻想他们都来自不同的地方，又散归不同的地方，最后则分别入黄泉，我常想到此事而流泪，但是这都只是我一面的思想。在另一方面我相信灵魂不朽，我愈觉死之可悲，我愈觉生之可贵，假如一亲爱的人死去，我们便再不能向他致其亲爱之情，那么在生前我们便当更努力向他致其亲爱之情。如果一朝他真死了，则我们不能对他再致亲爱之情，我们便当更怜惜其他的生者。爱在心里总是有可施的对象，因为人总是继续不断生的。死者我们除祭祀以外不能表我之爱，我们还可对其他生者表示。所以人只要人类一天存在，我们心里的爱总是有可施之处的。所以主动的去爱这问题是死所不能阻碍的。至于被动的为人所爱这系于人的幸运。人不能得一种人所共同能得的爱的确是不幸。孟子说幼而无父曰孤、老而无子曰独、老而无夫曰寡、老而无妇曰鳏，此四者天下之穷民而无告者也。文王发政施仁必先施此四者。鳏寡孤独确是人生之至不幸，但是一个人真处于一不幸之境况中，都有办法忘掉他自己之不幸，即是想与我同样不幸的人对之同情，而发心使以后的人不再陷于此不幸。一个人最高的情绪生活即是把自己之情绪客观化普遍化，人的苦痛悲哀赖此而净化而冲淡，快乐幸福即赖此而加强而变为崇高。（页 72—73）

这里，唐君毅的意思很清楚：对于死亡来说，正因为死亡可悲，生命才可贵。所爱的人死去，便无法再向其表达亲爱之情。因此，在其生前，便应当益发表达亲爱之情；在其死后，则应当怜惜其他的生者。对于已然处在鳏寡孤独境况的人来说，则是要设身处地，感同身受，发心使以后的人不再陷于此种不幸。由此看来，对于人应当如何看待人生的苦痛和悲剧这一问题，唐君毅最终的看法并不消极，而是非常积极、健动。

正如他在同一封信中所说："其实我对人生是看得非常透的，我知道一切人间的幸福最后都要幻灭。譬如人间最美满的姻缘吧，最后总有一人要先死的。我们试想到一人先死时，他们临死之际的悲哀是如何，我相信他们生前之幸福愈多，此时之悲哀愈大。这二者全是依正比例而发展。我们可以说这苦乐是相等的。一个人真是看透此理，他必然随时可以出家的。但是我以为只从苦乐来看人生不是最高的看法。真正的人生观，应当是经验人生、体验人生。纵然最后一切都虚幻，然而最初我们必须执着真实，然后才可能了解那虚幻之意义。纵然最后归于苦痛，然而最初我们必须执着幸福，然后也才能了解那苦痛之意义。不怕苦痛而追求幸福，真是最悲壮的人生态度。"（页82）这一表达，无疑正是儒家传统在人生观方面一贯的基本立场。

六、对于哲学的理解

作为一个以哲学为其生命且哲学心灵成熟很早的哲人，唐君毅即使在爱情之中，也表达了不少他对于哲学的看法。并且，他在爱情之中对于有关哲学的种种看法，也更为生动活泼，与其后来种种更侧重说理性的文字相较而观的话⑨，也更能见出其中的一贯之处。

唐君毅在给谢廷光的信中，首先表达了自己对于哲学的热爱。例如，在现存他给谢廷光的书信中，第一封写于1938年5月16日，当

---

⑨ 唐君毅后来在其《哲学概论》中即以更为理性的方式较为系统地表达了他的哲学观。关于这一方面的专题考察，参见我的《唐君毅的哲学观——以〈哲学概论〉为中心》，《中国哲学方法论：如何治中国哲学》（上海：上海三联书店，2020），第六章，页127—146。

时唐君毅尚未满 30 岁。就在这封信中,他已经明确表达了自己对于哲学的热爱。他说:"至于从纯粹学问方面说,我的兴趣一向在哲学,文学我只欣赏而已。哲学尽管使我受过许多苦痛,然而它到底是可爱的,宇宙人生微妙的道理确实令人玩味不尽。"(页 42)

而在 1941 年 4 月给谢廷光的信中,唐君毅甚至鼓励谢廷光学哲学,并认为那样可以增进彼此之间的爱情。他满含深情和真诚地说:

> 光妹,我希望你学学哲学,希望你爱智慧,我决不嫉妒,因为我也爱智慧。你爱智慧我更爱你,我也希望你爱我而爱我所爱的智慧。光妹我告诉你爱有许多种,人应有多方面的爱,但是爱究竟是不可分的,不同的爱其实是一种爱。我爱你与爱智慧,其实只是一种爱。我过去因为爱智慧,所以从不追求女子,我现在爱你的爱,即是智慧与我间的爱情之移用。这两种爱只有互相促进而无互相减少。所以我不嫉妒你爱智慧。而且你爱智慧,你当更了解我而更爱我。我也当因你爱智慧而更爱你。于是我们间之爱遂更深厚了。我的光妹,我爱的光妹,你说是不是?(页 144—145)

这里,唐君毅认为对谢廷光的爱情和对智慧的爱其实是一种爱,并且希望对方因爱自己而爱自己所爱的智慧,足见他对于"爱智慧"的哲学所爱何其之深。

这里,唐君毅已经将哲学与爱智慧等同起来,这当然符合哲学的本意。不过,关于哲学是什么、作为"爱智"的哲学究竟是什么意思的问题,唐君毅曾经专门向谢廷光解释过。在 1941 年 4 月给谢廷光的信中,唐君毅花了很大的篇幅表达自己关于哲学的种种看法,正是这封信,为我们了解爱情中的唐君毅对于哲学的理解,提供了集中的原始素材。

那么,作为"爱智"的哲学是什么意思呢?唐君毅是这样对谢廷光说的:

> 关于哲学你愿问我,我很高兴,我可以先同你说哲学是

什么，哲学原意是爱智，苏格拉底自名为爱智者，即智慧的情人（lover of wisdom）。真正的哲学家即追求智慧者、爱智慧者。学哲学不仅要用脑，且要用心（Heart）。脑只是理智，心则含情感意志。智慧是情意与理智的结晶。科学重理智，文学艺术重情，道德政治重意。哲学家则须兼重三者而求最高之智，即智慧。再拿情感中的爱去爱此智慧，所以哲学家称为智慧的情人。因为哲学家是智慧的情人，所以要以情人的智慧去了解，这话柏拉图早说过了。我不知道你曾否真爱一男子，如果你真爱他，你可反省你对他是何心境，如果你以此心境转移来或兼用来对智慧，你便可以入哲学之门了。（页142—143）

这里，唐君毅将哲学视为"知、情、意"的最高智慧，是内在于西方哲学传统的讲法。除此之外，他强调"再拿情感中的爱去爱此智慧"以及"哲学家是智慧的情人"，以至于他将谢廷光代入这一理解，令其设身处地地以"真爱一男子"的心境去体会"爱智慧"，则显然是爱情中的唐君毅理解这一问题的特定视角和自然表达。

既然哲学就是爱智慧，那么，哲学所爱所求的智慧究竟又是什么呢？对此，唐君毅接着也自设问答，向谢廷光做出了他的解释。他说：

哲学所求的智慧是什么呢？约有两方面：一是宇宙的智慧，一是人生的智慧，宇宙的智慧是要渗透宇宙本体洞观宇宙本体。人生的智慧是要悟澈人生的意义价值与归宿。这两都是分不开的，因人即宇宙的中心。人一方面以其身体为精神之表现，而成万物中之一。另一方面其精神又包括着宇宙，所以人的心能想整个的宇宙，你的心不是什么都可想吗。所以人与宇宙之关系乃互相环抱的关系。一（方）面人的身体为万物所环绕，万物都能影响他，即万物环绕此身。另一方（面）心又包万物而抱住万物。不过分开来研究，则人生论是一部。宇宙论是一部。而研究人心如何认识宇宙万物包括万物的即是知识论。所以哲学分宇宙、人

生、知识论三部。其实这三部是不可分的一体。（页143）

这里的解答,其实是以指出哲学包括什么内容的方式,回答了哲学追求的智慧是什么的问题。既然唐君毅认为,哲学的智慧包括宇宙论、人生论和知识论这三部分内容,那么,对于宇宙论、人生论和知识论又是什么,他自然也就需要一一分别作答。

什么是宇宙论? 或者说宇宙论处理的是什么问题呢? 唐君毅说:"关于宇宙论的问题可以分两部,一为宇宙本体论,一为宇宙构造论。本体论是要研究宇宙现象的本体,这里面可分三问题:一是究竟有无本体? 本体与现象关系如何? 二本体是什么? 是心呢? 物呢? 或生命呢? 三本体是一呢是多呢? 如一则为一元论,如多则为多元论,如本体是心而有多心则为多元唯心论,如只一心则为唯心一元论。至于宇宙构造论,这里大约有下数问题:一时空问题,什么是时间? 什么是空间? 时空与万物关系如何? 二物质与生命心之关系问题,三宇宙万物之动是自由的呢? 必然的呢? 是否有目的呢? 或无目的呢? 四宇宙有无主宰? 有神呢? 无神呢? 一神呢? 多神呢? 神与世界关系如何呢?"（页143）

唐君毅这里讲得很清楚,无须我们再加解释。关于人生论,他紧接着又是这样说的:"人生论中大约有下数问题:一人在宇宙之地位问题(人生意义),二人性问题,此点与心理学相关,但哲学研究人性要问人性之善恶等。三人生之价值问题如乐观主义悲观主义,四人生之理想问题,什么是人生最高理想? 五意志自由问题,人之意志是否自由? 是否能达所悬之理想? 六修养方法之问题,如何修养以达此理想? 七人生之归宿问题,即人之命运与人灵魂之朽与不朽之问题。"（页143—144）

至于知识论,唐君毅认为主要包括三方面的问题:一是知识的来源问题,二是知识对象的性质问题,三是知识的限度问题。他说:"知识论之问题,一知识之来源为出自先天理性呢? 后天经验的呢? 二知识之对象是客观存在呢? 或存在于主观的呢? 三知识之限度,人是能无所不知呢? 或什么都不能知呢? 或有能知有不能知呢? 四真理的问题。什么是真理? 真理之标准是什么?"（页144）

　　熟悉唐君毅著作的读者，相信应该立刻会发现，二十年之后唐君毅分成上下两册出版的巨著《哲学概论》⑩，已经在 1941 年 4 月给谢廷光的这封信中埋下了伏笔。两相对应的话，我们可以看到，除了第一部"总论"之外，《哲学概论》中第二部"知识论"、第三部"天道论"以及第四部"人道论、价值论"，就其内容以及所处理的问题而言，与这里所说的"知识论""宇宙论"和"人生论"完全对应。只不过在名称上"宇宙论"变成了"天道论"，"人生论"变成了"人道论、价值论"而已。显然，这种对应和一贯，正是唐君毅哲学思想成熟极早的一个表现。至于说《哲学概论》宏大丰富的内容和书信中的几段话在"博"与"约"之间的巨大差异，不过是"书"（book）与"信"（letter）这两种截然有别的体裁的自然反映而已。

　　除了向谢廷光解释了作为智慧的哲学包括哪些内容之外，半年之前，在 1940 年 10 月 19 日给谢廷光的信中，唐君毅也表达了他对于哲学的作用的看法。他说："我想人类在现在之所以遭受这样多苦难，都由于崇尚暴力不重理性，所以我要发扬哲学的价值以开发人类之理性。而哲学中只有重人格的哲学、重精神的哲学、重爱的哲学，才最能使人类之理想提高，所以我自己的哲学便是重人格、重精神、重爱的哲学。"（页 115—116）在他看来，人类遭受苦难的原因在于崇尚暴力、不重理性，而哲学的作用首先是开发人的理性，所以他要发扬哲学。这两句话的前一句，虽然唐君毅是在讲他自己发扬哲学的动机，但同时也表达了他对于哲学有什么作用的看法。而在后一句中，他则进一步强调了自己更侧重那些"重人格、重精神、重爱的哲学"，并且，他自己的哲学便是这样一种类型的哲学。因为在他看来，只有这种类型的哲学，才最能提升人的理想。

　　在向谢廷光解释什么是哲学时，唐君毅的文字是理性的。然而，就像前引那一段鼓励谢廷光学习哲学的话一样，一旦说到哲学的可爱，唐君毅的文字立刻变得富有激情和感染力。他甚至这样对谢廷光说："光妹，哲学问题真入了门，真有趣，所以苏格拉底有时一天站

---

⑩　《哲学概论》初版于 1961 年，较之 1941 年 4 月给谢廷光的那封信，时间跨度正好 20 年。该书上下两册最初由孟氏基金会出版，现收入《唐君毅全集》第 23、24 卷。

着不动,第二天别人来看他还站在那里。所以西方的三十个大哲人,十五个以上都未结婚,因为他们已有智慧为情人。你想如果哲学不可爱,何以会使人连婚都不结呢?"(页144)

也正是在这个意义上,唐君毅认为,学哲学要以智慧的情人自居,学哲学要以整个宇宙人生为爱情的对象。在他看来,如果爱一个人意味着必须对这个人体贴温存,那么,学哲学就需要对宇宙人生体贴温存。这就是爱宇宙人生的智慧。真正的哲学精神,就是和智慧拥抱为一。用他的话来说,就是"你必须对于智慧迫切的表示亲爱,然后智慧才爱你。你愈爱智慧,智慧愈爱你,最后你便与智慧拥抱为一。你的生命与智慧互相渗透融化。最后你也分不出爱,与智慧,与你,此三者的分别,这是真正的哲学精神"(页144)。

纵览唐君毅的一生,我们可以看到,爱情中的唐君毅对于哲学的理解,得到了他生命的印证。他的一生,无论是著述、事业还是生活,都是"重人格、重精神、重爱"的哲学的体现。如果根据他对谢廷光所说的这句话,"我爱你与爱智慧,其实只是一种爱。我过去因为爱智慧,所以从不追求女子,我现在爱你的爱,即是智慧与我间的爱情之移用",那么,他毕生对于哲学的挚爱,又何尝不可以说恰恰也正是他的爱情呢?在这个意义上,我们完全可以说,爱情中的唐君毅,也就是哲学中的唐君毅。

一般意义上,哲学似乎更多与理性相关。但是,对于唐君毅来说,情感与理性是在其哲学中融为一体的。1974年退休前夕,他曾经对香港中文大学的同学做过一次演讲,自述人生经验与学思历程。该演讲1979年2月12日以"民国初年的学风与我学哲学的经过"为题,发表于香港的《华侨人文周刊》。其中,唐君毅讲了这样一段话:"我的哲学中,宇宙也好,人生也好,最后的东西是什么呢?是一个又是情又是理的东西!不是情、理两个,情是普遍化的理,理是具体化的情。"[11]对于"爱情中的唐君毅"与"哲学中的唐君毅"二者之合一,或者说唐君毅自己情理交融的哲学,这句话可以说既是其"夫子自道",更可谓其"晚年定论"。

---

① 《哲思辑录与人物纪念》,《唐君毅全集》第8卷,页85。

"气质之性何在?"

——韩儒李震相与郭钟锡的"未发时气质之性有无"之辩[*]

吕政倚[**]

内容提要："气质之性何在?"系由韩国 18 世纪畿湖栗谷学派韩元震所提出的问题，这个问题在他与李柬所开启的"湖洛论争"中，以"未发气质之性有无"（即"未发时有无气质之性"）的论题呈现，并在李柬的理解与诠释下，成为"未发时心体有无善恶"问题。随着"湖洛论争"的发展，"未发气质之性有无"也成为 19 世纪隶属岭南退溪学派的寒洲学派内的论题，其中以李震相与其重要弟子郭钟锡间的论辩最具代表性，本文即以他们师徒二人间的论辩为核心，重点分析他们对于朱子"本然之性"与"气质之性"，以及"未发"概念的理解，并指出他们在这个关于朱子形上学的论辩，其核心的关怀其实在道德实践的问题上，即他们通过"气质之性何在"的论辩，讨论"未发""未发工夫"为何，以及如何变化气质的问题。本文最后通过他们与韩元震、李柬观点的对照，说明他们这场论辩在朱子学中的理论意义。

关键词：朱子，未发，本然之性，气质之性，寒洲学派

一、前　言

"气质之性何在?"系由韩国 18 世纪畿湖栗谷学派韩元震（字德昭，号南塘，1682—1751）针对朱子学的内部义理所提出的问题，因为他主张气质之性当存有于未发时，所以这个问题在他与李柬（字公

---

　*　本文曾发表于香港中文大学哲学系主办的"中国哲学的实践关怀"工作坊（2023 年 3月 24—25 日）。笔者在此一并对与会学者、曾经为笔者提供修订意见的师友，以及匿名审查人致以谢忱，谢谢您们提供宝贵的修改意见。

　**　"中研院"中国文哲研究所助研究员。（电邮：luci@ gate.sinica.edu.tw）

举，号巍岩，1677—1727）所开启的"湖洛论争"①中，便以"未发气质之性有无"（即"未发时有无气质之性"）的论题呈现，并在李柬的理解与诠释下，成为"未发时心体有无善恶"的问题②。"气质之性何在？"这个问题在韩国儒学中之所以成为问题，笔者以为与朱子（熹，号晦庵，1130—1200）对于"气质之性"的理解有关。这是因为"天地之性/气质之性"这组概念最早在张横渠（载，1020—1078）提出时，"气质之性"系仅作为道德实践的限制概念（其内涵即指人的"人之刚柔、缓急、有才与不才，气之偏也"③），并希望学者通过道德实践工夫，复其真性，故张载说："善反之则天地之性存焉。故气质之性，君子有弗性者焉。"④程伊川（颐，1033—1107）亦有相同的理解⑤。但这组概念到了朱子哲学中，朱子因为以程明道（颢，1032—1085）"生之谓性，性即气，气即性"作为"气质之性"的定义，所以在道德实践的意义之外，也赋予了"气质之性"形上学的意义，以"气质之性"为坠在气质之中的"本然之性"（即"天地之性"），"气质之性"成了一个与"本然之性"同一、只是在不同脉络下有不同指称的"性"。不过朱子并没有意识到他的理解不同于张横渠与程伊川，加上朱子于"枯槁有性"的讨论中，除了以"本然之性"与"气质之性"来谈论天理的绝对普遍性（absolute universality）与万有的差异性之外，也以"知觉"（心）的有无与昏明来为人与动植物等万有进行分类，因此在韩国栗谷学派中产生了追问"天地之性/气质之性"是否存有于"心"之未发的"未发时气质之性有无"的新问题。韩元震之所以追问这个问题，除了出于对朱子学理论的追问外⑥，也与他的实践关怀有关，即他一方面认为"未发时的气质

---

① 这个论争的论题依韩元震的归结有二：（1）未发气质之性有无之辨，以及（2）人物五常之性同异之辨。请参阅韩元震：《李公举上师门书辨》，《南塘集》Ⅱ，《韩国文集丛刊》，第 202 辑（首尔：民族文化推进会，1998），卷 28，页 119。

② 关于韩元震与李柬在这个问题上的论辩，请参阅吕政倚：《韩儒李柬与韩元震的"未发心体有无善恶"之辩》，《鹅湖学志》，第 68 期（2022 年 6 月），页 99—151。

③ 张载：《正蒙·诚明篇》，《张载集》（北京：中华书局，1985），页 23。

④ 同前注，页 23。

⑤ 程伊川说："……性质之性（按：一作"气质之性"），如俗言性急、性缓之类。性安有缓急？此言性者，生之谓也。"程颢、程颐：《河南程氏遗书》，卷 18，《二程集》（北京：中华书局，2004），上册，页 207。

⑥ 韩元震认为在朱子"理气二分""心是气""心统性情"的义理间架下，"气质之性"既是"性"，则当存有于心之"未发"。

之性"可以解释（1）人情感的善恶在存有论上的根据，以及（2）人人、物物等万有先天资质禀赋的美恶在存有论上的根据；一方面也认为在理论上，只有将"气质之性"置于"未发"，方能将"变化气质"的工夫与"心"关联起来⑦。

随着湖洛双方论争的后续发展，"未发时有无气质之性"的问题也受到19世纪隶属岭南退溪学派的寒洲学派李震相（字汝雷，号寒洲，1818—1886）与其重要弟子郭钟锡（字鸣远，号俛宇，1846—1919）师生的关注跟讨论⑧。李震相承退溪学派"心是理气合"之说，而栗谷学派主张"心是气"，双方对朱子学中的主体架构之认识有所不同。李震相甚至在"心是理气合"的理论前提下，提出"心即理"（虽然依然不是陆王的"心即理"⑨）的主张。那么，对他们而言，"未发时气质之性有无"意味着什么？涉及什么问题？本文即以他们师徒二人间的论辩为核心进行探讨。

二、论辩缘起

李震相与郭钟锡间对于"未发时有无气质之性"问题的论辩，起

---

⑦　韩元震说："心之为气质，而智愚贤不肖之分与夫变化气质之事，皆在于心者。"（《拟答李公举·附气质之性辩证（乙未冬）》，《南塘集》Ⅰ，《韩国文集丛刊》，第201辑[首尔：民族文化推进会，1998]，卷11，页262a—b）认为工夫当下下在"心"上。

⑧　至于为什么李震相跟郭钟锡会对这个起源于栗谷学派内部的湖洛论争提出的问题有兴趣，可能涉及湖洛论争在朝鲜朝18—19世纪的发展，但是就笔者目前所见，似乎韩国学界仅有三篇研究论文关注到这个议题：即이상하（李相夏）：《俛宇 郭钟锡의 性理说—寒洲 성리설의 수용과 전파—》（俛宇郭钟锡的性理说——寒洲性理说的接受与传播）（《남명학연구》[南冥学研究]，第28辑[2009年12月]，页69—94）；추제협（秋制协）：《면우 곽종석의 철학과 한주학의 비판적 계승》（俛宇郭钟锡的哲学与寒洲学的批判性继承）（《한국학논집》[韩国学论集]，第66辑[2017年3月]，页7—30）；안유경（安琉镜）：《이진상과 곽종석의 미발 때의 기질지성 유무 해석 고찰》（考察李震相与郭钟锡对未发时气质之性有无的解释）（《한국학》[韩国学]，第47卷第1号[2024年3月]，页303—337）。也都没有追溯其思想史的渊源，因此这个问题可能还有待日后搜集更多资料，或需要更多的研究，方能解答。

⑨　杨祖汉说："寒洲言心，是以心为合理气者。依此，寒洲言心即理之意是心中具理，而且言心，须重视心之理，不能以心之气来规定心。但虽如此，心亦涵气，气并不即是理，不能将心气认作理。若是，寒洲言心，与陆王之言本心、良知，是不相同的。"请参阅杨祖汉：《李寒洲的"心即理"说及与霞谷心学之比较》，《从当代儒学观点看韩国儒学的重要论争续编》（台北：台湾大学出版中心，2017），页303—304。

于1870年(庚午)，时年约24岁的郭钟锡拜入李震相门下，以其所作的《赟疑录》请教李震相。此《赟疑录》欲向李震相追问的是性理学中的重要概念："如何是'性'，而有本然气质之名？ 如何是'命'，而有性赋气数之异？ 如何是'心'，而有人心道心？ 如何是'情'，而有四端七情？ 如何是'才'，而孟、程差有疏密？ 如何是'发处'，而退、栗似相抵牾？ 如何是'志''意''思虑''行能道德'，以至太极动静、理气体用，皆如何说？"李震相则针对这些问题"逐条论答，又跋其后"⑩。有关"本然之性/气质之性"的问题正是郭钟锡提问中的第一个问题。在郭钟锡的回信中，其实也谈到他苦思"气质之性"问题已经有数年，他说：

> 钟锡自数年来于"气质之性"之说，无一日一夜不疑
> 讶恍惚，苦心焦思，而知尽力穷，愈往愈困。毕竟无所得；
> 不惟无得，却被它思虑劳攘，全阙却一段工夫。由是自
> 惧，即要撇下这个，更不存些子儿念头；然狼疾已深，狐惑
> 每作。此前者所以仰质于函席，而欲其一服剂，打叠
> 这病。⑪

不过，李震相对《赟疑录》的回应，并没有解决郭钟锡心中对于"气质之性"问题的疑问，因此他接着说：

> 伏见下批《赟疑录》中，其所谓"气质之性"专以已发底、

---

⑩ 请参阅李震相：《寒洲集》Ⅱ，《韩国文集丛刊》，第318辑(首尔：民族文化推进会，2003)，附录，卷1，《年谱》，页282c—d；亦见《答郭鸣远疑问(《赟疑录》○庚午)》，《寒洲集》Ⅰ，《韩国文集丛刊》，第317辑(首尔：民族文化推进会，2003)，卷19，页423a—b。关于《赟疑录》，目前只能见到收在《寒洲集》中的《答郭鸣远疑问(《赟疑录》○庚午)》(页423a—433d)的内容，不过，根据李相夏的研究，《赟疑录》原本曾以单行本刊行，该书并有李震相另一弟子许愈(字退而，号后山，1833—1904)的序，但目前不见此书，《寒洲集》只精简地援引了郭钟锡对于性理学的疑问与论述，请参阅이상하(李相夏)：《俛宇 郭钟锡의 性理说 —寒洲 성리설의 수용과 전파—》(俛宇郭钟锡的性理说——寒洲性理说的接受与传播)，页77。

⑪ 郭钟锡：《上寒洲先生》，《俛宇集》Ⅰ，《韩国文集丛刊》，第340辑(首尔：民族文化推进会，2004—2005)，卷10，页229a。

炽荡底当之，更不干未发境界。顾以瞖眼，奚敢测管？而反复究核，茫无以得其要领。敢以其所疑于胸中者，兹更历陈而暴白之，伏愿垂察焉。⑫

从郭钟锡的回信中，可知他所思考的"气质之性"问题是与"未发／已发"概念相关联的⑬，而令他感到疑惑的是，李震相只从"已发底""炽荡底"，即情、欲⑭来理解"气质之性"，"气质之性"与"未发"并不相干。这便开启了往后约 3—4 年（1870—1873）他跟李震相在"未发时有无气质之性"问题上的论辩。

（一）李震相在回应《贽疑录》中的基本观点

前文提到郭钟锡认为李震相在针对《贽疑录》的回应中，仅从"已发"来理解"气质之性"。这涉及李震相对于《贽疑录》中第一个问题"如何是'性'，而有本然气质之名"的回答，他说：

> 性则一也，而有"本然""气质"之二名，则当先考"性"字来历。成汤始言"若有恒性"⑮，而孔子曰"各正性命"，《中庸》曰"天命之谓性"，《乐记》曰"人生而静，天之性"，孟子曰"性善"；曰"恒"曰"正"曰"天"曰"善"，皆以本然之性言之也。伊训曰"兹乃不义，习与性成"⑯，《周诰》曰"惟日节性其迈"⑰，鲁论曰"性相近也"，孟子曰"忍性"，又曰"口之于味，耳之于声，目之于色，四体之于安佚，性也，有命焉"；此皆以气质之性言之也。《通书》又以"纯粹至善"之性、"刚柔善恶"之性两下说去，然其言本然之性则的指未发之所存，其言气质之性则专指已发之所变。盖单言性，则性

---

⑫ 郭钟锡：《上寒洲先生》，《俛宇集》I，卷 10，页 229a。
⑬ 其实就是"未发时有无气质之性"的问题，见下文。
⑭ 郭钟锡认为"以已发底、炽荡底通谓之性……则'情''欲'字足矣。"同前注，页 229b。
⑮ 《尚书·汤诰》，见蔡沈：《书集传》，《朱子全书外编》（上海：华东师范大学出版社，2010），卷 3，页 91。
⑯ 《尚书·太甲上》，同前注，页 93。
⑰ 《尚书·召诰》，当为"节性，惟日其迈"，见同前书，卷 5，页 187。

自有动静，朱子所谓性之蕴"该动静而不偏"[18]者也。气质之
禀与性俱成，而"未发之前，气不用事"[19]，一理浑然，本体呈
露，纯粹至善，乃其性之本然也。及其感物而动，气始用事，
或顺或逆，善恶始分，已非复性之本然，而受变于气质矣。
先辈有言："单指其理曰'本然之性'，兼指其气曰'气质之
性'。"理气元不相离。惟气不用事处，可以单指；气已用事
处，可以兼指。初非性之体本自兼气，而可以兼言也。近世
言性者，每以本然之性推之于天，气质之性拈作当体；此殊
不然。……在天为理，在物为性；性则理也。理之在物，方
名为性，乌可以气质之不齐，为性之当体耶？[20]

据此，（1）李震相认为，要了解"性"虽然只是一个存有，却有"本然
之性""气质之性"二个不同的意义，可以通过考证儒家经典对"性"
概念的谈论得到初步的认识。简言之，虽然"本然之性/气质之性"
这组概念是张横渠所提出的[21]，但若以本然之性指谓人的理性生命，
气质之性指谓人的感性生命、自然生命，则在过去的儒家经典中就
已经有相当于"本然之性/气质之性"这组概念的谈论，所以李震相
所谓"考'性'字来历"，即将过去儒家经典中对于"性"概念的谈论，
分别归纳至"本然之性"与"气质之性"的概念下。李震相认为将
"本然之性/气质之性"与"未发/已发"联系在一起的滥觞，是周濂
溪（敦颐，1017—1073）《通书》中有关"纯粹至善"之性（即"诚"）[22]

---

⑱　朱熹：《记论性答稿后》，《晦庵先生朱文公文集》（以下简称《朱子文集》），卷75，
收入朱杰人、严佐之、刘永翔主编：《朱子全书》（上海：上海古籍出版社；合肥：安徽教育出
版社，2002），第24册，页3686。
⑲　朱子说："未发之前，气不用事，所以有善而无恶。"请参阅真德秀：《西山读书记》
（一），收入《全宋笔记》（郑州：大象出版社，2018），第10编，第1册，页43。
⑳　李震相：《答郭鸣远疑问（〈赘疑录〉○庚午）》，《寒洲集》Ⅰ，卷19，页423c—424b。
㉑　张载说："形而后有气质之性，善反之则天地之性存焉。故气质之性，君子有弗性
者焉。"（《正蒙·诚明篇》，页23）
㉒　周敦颐说："诚者，圣人之本……纯粹至善者也。"朱子在注中以"诚"为"天所赋、
物所受之正理"，请参阅周敦颐：《周敦颐集》（北京：中华书局，2009），页13—14。朱子并
以纯粹至善之性等同于太极，请参阅黎靖德编：《朱子语类》（北京：中华书局，1999），第6
册，卷94，页2386。

与"刚柔善恶"之性的谈论[23],李震相认为周濂溪对这两个性的谈论,正指谓"本然之性"为"未发之所存"的性,"气质之性"是"已发之所变"的性[24]。不过,笔者以为《通书》虽然是一部以《中庸》释《易传》的著作,但若我们单看周敦颐的《通书》,其实并不太会将作为"纯粹至善"之性的诚体与"刚柔善恶中"的气质或气质之性,直接与《中庸》从喜怒哀乐的"未发/已发"之论述——即未发之"中"作为天下之大本,已发之"和"为天下之达道——相联结。虽然周敦颐对"刚柔善恶中"的"中"之阐释:"惟中也者,和也,中节也,天下之达道也,圣人之事也。"[25]似乎提供了这个联想的可能;但若观其上下文的谈论脉络,其实他谈的也是圣人具有"中和之资",因此"能表现中正之道",即此"中"意谓"气质资质之中",而不是《中庸》的"中""和"概念[26]。换言之,读者会以为周濂溪仅是借用了《中庸》的概念来阐释气性,而不是对《中庸》的"中""和"概念进行解读。但朱子对这句话的注释却似乎提供了往这个方向思考的可能性,朱子注说:

> 此以得性之正而言也。然其以和为中,与《中庸》不合。盖就已发无过不及者而言之,如《书》所谓"允执厥中"者也。[27]

朱子认为这里的"中"是指"得性之正",即前述圣人得"中和之资"。但朱子似乎认为这个有关"气质资质之中"的概念,与《中庸》的"中""和"

㉓　这似乎也与朱子的论述有关,因为朱子有将"纯粹至善"之性与"刚柔、善恶"之性联结到"本然之性""气质之性"的谈论,如"问'性者,刚柔善恶中而已。'曰:'此性便是言气质之性。'"(黎靖德编:《朱子语类》,第6册,卷94,页2399)李震相说:"古人之语到气质性,每每言之于发处,如云'节性''忍性''性相近'者皆是也。周子始发其端,而纯粹至善之性,言之于未发;刚柔善恶之性,言之于发后。至朱子而后,固或有未发时气质性之说……"(李震相:《答姜耘父》,《寒洲集》I,卷10,页227b)

㉔　李震相在与郭钟锡论辩的后期,再次提到他的这个考证,认为"经传中'性'字,多于性之发处通谓之性,而皆兼善恶说去,其于未发上言性,则皆主纯善无恶之说。"(李震相:《答郭鸣远别纸》,《寒洲集》I,卷20,页452b)这即是说,他后来认为他的考证并不只是归纳,还凸显了过去的儒家经典对"性"的谈论,也能支持他未发时并无气质之性,气质之性在已发的主张。

㉕　周敦颐:《周敦颐集》,页20。

㉖　牟宗三:《心体与性体》,第1册(台北:正中书局,1996),页338。

㉗　周敦颐:《周敦颐集》,页20。

概念有关，只是朱子认为"气质资质之中"涉及的是《中庸》的"和"，是就"已发无过不及者而言"，如《尚书》"允执厥中"的"中"，即这个"中"只是相对于"过"与"不及"的"中（道）"（如"中庸"的"中"，意谓的是"不偏不倚、无过不及"的"天下之正道"[28]），而不是"喜怒哀乐未发之中"所关联到的"中体"[29]。因此他说《通书》这里作为圣人"中和之资"的"中"与《中庸》"中和"之"中"意义不同。无论如何，朱子既然认为"刚柔善恶中"系指气质之性，又以之涉及"已发"之无过、不及的"和"（或"中[道]"），则似乎提供了将本然之性（《通书》中的诚体）与气质之性联结到"未发/已发"的思考方向。笔者以为这或许是李震相将"本然之性""气质之性"分别置于"未发""已发"之时，又视周敦颐《通书》为未发时有本然之性，已发时有气质之性之说的滥觞之缘由。

（2）李震相认为"性自有动静"，这与退溪学派对朱子学的理解有关。简言之，退溪学派认为朱子学中的"理"能活动[30]，李震相承继了这样的观点，也认为"理自有动静，故气因以动静"[31]，即所谓"理自有动静"并非理自身包含动静之依据的意思，而是"理能活动"之意，故他说：

> "太极之有动静"，乃"太极之自动静也"。……混沌之未开，人心之未发，同一机缄。气不用事，则惟理而已。已屈之气，不复为方生之气，则气之始生处果非理之自动时乎？理无形而气有形，虽若理无动而气有动，然理之动非为气而动，气之动乃由理而动；此非理之自动而何？[32]

---

[28] 朱熹：《四书章句集注》（台北：大安出版社，1999），页22。

[29] 《朱子语类》载："正淳问《通书》注'中'字处，引'允执厥中'。曰：'此只是无过不及之'中'。书传中所言皆如此，只有"喜怒哀乐未发之中"一处是以体言。到"中庸"字亦非专言体，便有无过不及之意。'"黎靖德编：《朱子语类》，第6册，卷94，页2399。

[30] 请参阅李明辉：《四端与七情——关于道德情感的比较哲学探讨》（台北：台大出版中心，2005；以下简称《四端与七情》），页361—362；杨祖汉：《从当代儒学观点看韩国儒学的重要论争》（台北：台湾大学出版中心，2005），页173—178。

[31] 李震相：《与柳东林（戊午）》，《寒洲集》I，卷7，页166b。关于理是否会活动的问题，也是郭钟锡《贽疑录》的问题之一，请参阅李震相：《答郭鸣远疑问（《贽疑录》○庚午）》，卷19，页428d。

[32] 李震相：《与郭鸣远》，《寒洲集》I，卷22，页493b—c。

上引中,将"太极之有动静"诠释为"太极之自动静"典出李滉(退溪,1501—1571)[33],李震相则进一步从气有生灭,有是气是因为有是理,以及"理之动非为气而动,气之动乃由理而动",来说明理才是气能生发的关键(机缄)。换言之,李震相在这里以"理生气"来说明"理能活动"。朱子的"理生气"是用"宇宙发生论的语言来凸显'理'在存有论上的优先性",所要阐明的其实是"理先气后"的意思,并不是真的主张"理"可以生出"气"[34],这是因为朱子主张"理不活动",因此诚如刘述先所说:"'理生气'在他(按:朱子)的思想框架之内只能理解为,在超越的(生)理的规定之下,必定有气,才有具体实现之可能。故'理生气'只是虚生,'气生物'才是实生,两个'生'字断不可混为一谈。"[35]那么,由于李震相主张"理能活动",他所谓的"理生气",是意谓"理"直接可以生出"气"吗?他说:

> 理生气之说……理也者,不生不灭,无始无终者也。气也者,有生有灭,有始有终者也。阴阳之机停息于此天地亥会之终,而一理元无停息,此气才终,便生出彼气,以为后天地开辟之根柢。初非以既屈之气,更作方伸之气也。至若源头在是之说,则乃从天地万物说了气之源头者也。理无方体,岂有源头之可言乎?[36]

从李震相的说明看来,他是从理无生灭、气有生灭、理作为气生灭变化的所以然——即"理由"(reason)[37]——来说明"理生气",换言之,李震相还是认为理、气并存,只是理在存有次序上优先于气,不认为"理"可以直接生出"气"(但"气"则是天地万物的源头、根柢)。因

---

③③ 李退溪说:"太极之有动静,太极自动静也;天命之流行,天命之自流行也。岂复有使之者欤?"见李滉:《答李达李天机》,《退溪集》Ⅰ,《韩国文集丛刊》,第29辑(首尔:民族文化推进会,1996),卷13,页356a。

③④ 请参阅李明辉:《四端与七情》,页140—141。

③⑤ 刘述先:《朱熹的思想究竟是一元论或是二元论?》,《朱子哲学思想的发展与完成》(台北:台湾学生书局,1995),页644。

③⑥ 李震相:《答金圣汝》,《寒洲集》Ⅰ,卷11,页260a—b。

③⑦ 即牟宗三所谓的"存在之理"(principle of existence),请参阅《心体与性体》,第1册,页87—91。

此，笔者以为李震相从"理生气"来说明"理能活动"，除了强调"理先气后"之外，也要强调"理"相对于"气"是一体用全具的存有㊳，并且理的活动可以"妙运"于气的活动上㊴。李震相这个从"理能活动"来理解的理气关系，也涉及心性论，这是因为朱子学中的理气论与心性论间有一对应的关系㊵，因此李震相认为"人心之未发"时跟宇宙"混沌之未开"时的情况一样，即在气不用事时，就只有"理"独自彰显其存有而已。回到他对《贽疑录》的回应，这个存有于"未发"时的"理"就是"本然之性"。李震相认为自人的存在看，气禀（气质之禀）虽然与本然之性"俱成"（即皆成具或皆具有）于人，但在未发时，由于"气不用事"，因此，这个存有于"未发"时的"理"或"本然之性"，也就呈现为纯粹至善的本然状态。不过，这个本然之性在感物而动、气始用事时，还是会因为气质对于本然之性的或顺、或逆之影响而"受变于气质"，因此有善恶的表现。这个在已发时受到气质限制，为气质所变的"本然之性"，就是"气质之性"（李震相亦称"气质所变之性"）㊶。李震相并采取了韩元震"单指其理曰'本然之性'，兼指其气曰'气质之性'"㊷的论式来说明"本然之性"与"气质之性"。由于李震相主张未发时只有本然之性，已发时方有气质之性，因此与韩元震对这个论式的运用并不相同，即李震相的运用是"未发时单指理曰'本然之性'，已发时兼指其气曰'气质之性'"；但韩元震是运用这个论式来说明未发时可单指理，亦可兼指理气而有气质之性，主张"未发时有气质之性"，他的理由是：

㊳　李震相说："太极之有动有静，乃其体用之全具，而其动其静，为阴阳所由生之关棁者。"（《上崔海庵别纸》，《寒洲集》Ⅰ，卷5，页137b）

㊴　李震相说："盖太极理也，阴阳气也。动静者，理气之合缝处。元无今日动，明日阳生，巳时静，午时阴生之理，则妙运为机，机转成器，特不容发之间耳。"（《与柳东林（己未）》，《寒洲集》Ⅰ，卷7，页172d）

㊵　李明辉：《朱子对"道心"、"人心"的诠释》，蔡振丰主编：《东亚朱子学的诠释与发展》（台北：台大出版中心，2009），页95。

㊶　李震相说："盖'气质之性'云者，非直以'气质'为性也，是言气质所变之性也。"（《答姜耘父》，《寒洲集》Ⅰ，卷10，页227a—b）这即是说，"气质之性"并不是独立概念，"气质"才是相对于"本然之性"的独立概念。

㊷　如韩元震说："夫性一而已矣……性与气质不可相离，亦不可相杂，故因其不杂而单指其理则曰'本然之性'也，因其不离而兼指其气则曰'气质之性'也。"（韩元震：《本然之性气质之性说》，《南塘集》Ⅱ，卷30，页146a—b）

性则未发也，未发之时，气不用事而理自浑具，虽不相离而亦不相杂，故因其不杂而专指其理，谓之本然之性，因其不离而兼指理气，谓之气质之性，无不可矣。至于情，则已发也。㊸

从这里看来，李震相已发时方有气质之性的主张，正是韩元震要批判的主张——"以情当气质之性"，因为这是"认情为性""认气为性"㊹。事实上，李震相也确实以"情""欲"为"气质之性"㊺。如前述，这也是郭钟锡对李震相提出的质疑。不过，李震相也知道韩元震对于"气质之性何在？"的探问，因此他也针对赞成韩元震气质之性存有于未发、"未发时有气质之性"主张的学者提出反问："今于未发前谓有气质之性，则本然之性更在何处？"㊻李震相反对的是"以气质之性作性之当体，而本然之性虚作遮盖"㊼的看法，因此他在对《赞疑录》的回应中，批判说：

近世言性者，每以本然之性推之于天，气质之性拈作当体；此殊不然。皋陶所言"九德"㊽，相传以为气质之性，直温、宽栗，皆发以后事也。性中曷尝有直温、宽栗哉！且如

㊸　韩元震：《退溪集劄疑》，《南塘集拾遗》，《南塘集》Ⅱ，卷4，页390b—c。

㊹　分别见韩元震：《答崔成仲（己丑三月）》，《南塘集》Ⅰ，卷9，页205b；《上师门（庚寅闰月）》，《南塘集》Ⅰ，卷7，页168d。

㊺　李震相："善者，性之真体然也；恶者，性之汩于气而化于物者也。情之荡而凿性，欲之滥而害性，岂性之本然哉！正如张子所谓气质之性耳。"李震相：《答郭鸣远疑问（《赞疑录》○庚午）》，《寒洲集》Ⅰ，卷19，页433a。

㊻　李震相：《答尹士善（辛未）》，《寒洲集》Ⅰ，卷8，页193d—194a。

㊼　同前注，页194a。

㊽　"九德"指"宽而栗，柔而立，愿而恭，乱而敬，扰而毅，直而温，简而廉，刚而塞，强而义"。据蔡沈的注释，意谓"宽宏而庄栗，柔顺而植立，谨愿而恭恪，有治才而敬畏，驯扰而果毅，径直而温和，简易而廉隅，刚健而笃实，强勇而好义"是九种行德，请参阅蔡沈：《尚书·皋陶谟》，《书集传》，《朱子全书外编》，卷5，页31。又《朱子语类》谈到："……曰：'《皋陶谟》中所论"宽而栗"等九德，皆是论反气质之意，只不曾说破气质耳。'……蕳谓：'"宽而栗"等，"而"下一字便是功夫。'先生皆然之。""'直而温，宽而栗'，直与宽本自是好，但济之以温与栗，则尽善。"（黎靖德编：《朱子语类》，第1册，卷4，页65；第6册，卷84，页2189）简言之，若要将"九德"进行更细致的区分，则宽、柔、愿、乱、扰、直、简、刚、强等是德行，栗、立、恭、敬、毅、温、廉、塞、义是工夫。关于"九德"，笔者感谢台湾大学中文系罗圣堡教授提供宝贵意见。

义，固性也；其不义者，性之发而掩于气，流于不善也。性本
一也，何"相近"之有？惟其发而气用事，然后善恶以类而相
近。……在天为理，在物为性。性则理也。理之在物，方名
为性。乌可以气质之不齐，为性之当体耶？⁴⁹

李震相认为当时的学者往往将气质之性作为未发之"性"的实质内
涵，而将本然之性抽象化，但这是对朱子学的错误理解。他举皋陶所
言"九德"为例，指出学者过去多以之为未发时的气质之性，但这些德
行，如直温、宽栗等涉及的是有关已发之后的实践与工夫之评价，性
中并无这些德行；性的内涵只是仁义礼智，如"义"是性（本然之性），
但"不义"是因为性的发用为气质所遮蔽的行动结果。由于"性即
理"，性与理是既超越又内在的同一个存有，这是人人皆同的；所谓
"性相近"，是因为性之发用后，依其行动的结果所造成的善恶而说
"相近"。而且正是因为"性即理"，因此未发时只有本然之性，不能以
气质之性作为未发之"性"。据此，他认为韩元震以来主张"未发时有
气质之性"的学者，其实偏离了儒家"性善"说的道德普遍主义（moral
universalism）⁵⁰立场（见下文）。

李震相既然反对韩元震"未发时有气质之性"的主张，那他赞成
李柬"未发"说吗？他也反对。他在对《赘疑录》的回应中除了批判韩
元震外，也批判了李柬：

近世有未发前气质善恶之争。彼（按：李柬）谓气纯于
本然而后理亦纯于本然者，固陷于气为大本；而此（按：韩元
震）谓未发前有善恶者，亦不免污坏本原。朱子曰："未发之
时，尧舜之于路人，一也。"⁵¹路人之性固同于尧舜，而路人之

⑭ 李震相：《答郭鸣远疑问（《赘疑录》○庚午）》，《寒洲集》Ⅰ，卷19，页423a—b。
⑮ 这里有关"道德普遍主义"，系指以孟子"性善说"为代表，肯定"人皆可以为尧舜"
的学说，暂不涉及人以外的一切存在。理由是李震相与郭钟锡在"未发时有无气质之性"的
论辩，虽然涉及了理气论的论据，但其核心关怀仅仅放在有关人道德实践的相关问题上。
笔者感谢匿名审查人提醒笔者说明。
⑯ 黎靖德编：《朱子语类》，第2册，卷26，页644。

气质焉能如尧舜哉！今谓之一也,则果非主性而言者耶?[52]

李震相除了如前述批判韩元震的"未发"说偏离了"性善"说的儒家道德普遍主义外,也批判李柬的"未发"说是以"气为大本"。这是因为,在朱子学"理气二分""心是气""心统性情"的义理间架下,"理—性"与"气—心"分属超越与经验两层,而且依栗谷学派对于朱子理气论的理解,即"理"并不会活动,活动的是"气",理必通过气方能体现。因此,李柬谈论朱子学中的"心—性"关系说:

> 盖性理之善,虽则不本于心气,而其善之存亡,实系于心气之善否。心之不正而性能自中,气之不顺而理能自和,天下有是乎? ……在人,则必待夫理气同实、心性一致处言之者,或虑理然而气不然,性然而心不然,则毕竟不成为大本达道,不成为中和之德故也。[53]

李柬认为性理虽然是超越的,其作为至善的存有,无须根据心气(理气不杂);但就道德实践而言,由于性理并不活动,性之善是否能为我们充分地知觉、体现或具体化,则有赖于心体(心的状态)(理气不离)。这即是说,心体关联着人对于性理的掌握跟体现。而当心处于"未发"时,由于气质并不起作用,心必能充分地知觉并体现性理。据此,他提出了"理气同实、心性一致"的原则。而通过这个原则,李柬认为他的"未发"说,正可以解释儒家的道德普遍主义:

> 朱子曰:"……未发之时,自尧舜至于涂人,一也。"栗谷先生曰:"众人……幸于一瞬之间……有未发之时,则即此……全体湛然,与圣人不异矣。"[54]以是二说,而求于"未

---

　　[52] 李震相:《答郭鸣远疑问(〈赘疑录〉○庚午)》,《寒洲集》I,卷19,页429d—430a。

　　[53] 李柬:《未发有善恶辨》,《巍岩遗稿》,《韩国文集丛刊》,第190辑(首尔:民族文化推进会,1997),卷12,页459b—c。

　　[54] 李珥:《答成浩原》,《栗谷全书》I,《韩国文集丛刊》,第44辑(首尔:民族文化推进会,1996),卷9,页196a。

发"之旨,则无论圣凡,必此心全体寂然不动,方寸之间如水
之止、如镜之明,则夫所谓清浊粹驳之有万不齐者,至是一
齐于纯清至粹(原注:此气之本然也),而其不偏不倚四亭八
当之体,亦于是乎立,则所谓天下之大本也。⑤

虽然李柬以为他的"未发"说能解释儒家的道德普遍主义⑤,但由于他
主张"理"不活动、心是气,这正与李震相"理"能活动,心是理气之合,
"论心者,主理而不主气"⑤等,对朱子理气论、心性论的诠释相左,因
此他必然要提出批评,他说:

> 未发则谓之中,中者性之德。已发则谓之和,和者情之
> 德。其体湛然虚明,而非气之虚也;其用烨然宣著,而非气
> 之著也。特其所乘之气,有以助其发挥耳。⑤

因为李震相主张"理"能活动,因此他认为性理在未发时的呈现("湛
然虚明")与在已发时的体现或具体化("烨然宣著"),并不是以气的
虚明跟宣著作为原因,气的虚明跟宣著只是作为辅助条件而已⑤。而
正由于李柬认为性理的体现,必有待于心气处于未发状态,故李震相
批判李柬之说是"以气为大本"。

（二）郭钟锡的基本观点

由前述李震相对郭钟锡《赘疑录》中对于"本然之性/气质之性"

---

⑤　李柬:《答韩德昭别纸(壬辰)》,《巍岩遗稿》,卷7,页358c—d。
⑤　笔者曾指出在这个问题上,李柬之说相较于韩元震而言,具有相对的合理性,但由
于他坚持朱子学"心是气"的主张,因此在证成上依然有理论上的困难。请参阅吕政倚:
《韩儒韩元震对李柬以"明德"为"本然之心"的批判》,《中正汉学研究》,第38期(2021年
12月),页123。
⑤　李震相:《心即理说》,《寒洲集》Ⅱ,卷32,页142a。李震相在这些主张下,提出了
朱子学下的"心即理"说。由于李震相的"心即理"说并非本文的重点,也非本文所能处理,
有兴趣的读者请参阅杨祖汉:《李寒洲的"心即理"说及与霞谷心学之比较》,页295—324。
⑤　李震相:《又书巍庵心说后》,《寒洲集》Ⅱ,卷30,页199b—c。
⑤　这似乎涉及李震相对理气关系"理主气资"的观点。关于"理主气资",请参阅尹丝
淳著,邢丽菊、唐艳译:《韩国儒学史:韩国儒学的特殊性》(北京:人民出版社,2017),页
464—465;陈绘宇:《陆象山与韩儒李寒洲"心即理"之比较——以道德动力根源为中心》,
《国文学报》,第67期(2020年6月),页76注47。

问题的回应，即（1）未发时只有本然之性，已发方有气质之性；"气质之性"是情。（2）可运用"单指（理）/兼指（气）"的方式论"本然之性/气质之性"，但必须加上"未发时/已发时"的前提（不能如韩元震，仅在"未发时""单指（理）/兼指（气）"）。（3）主张"未发时有气质之性"即是违反道德普遍主义。对于这三个回应，郭钟锡都提出反对意见。

（1）首先针对李震相"未发时只有本然之性，已发方有气质之性；'气质之性'是情"的看法。郭钟锡认为：

> "无极之真，二五之精"，妙合而为人。"真"即理也，而理即性也。《易大传》曰："成之者性也。""成之"云者，道其原于天而立于人也。理一而已，自无不善，人人皆同，故此之谓"本然之性"。而至若气之流行，已自飞扬发动，其赋于人者，自不能无昏明轻重之别，故人人不齐；然究其原于天而立于人，则亦与性同也。以其"与性俱成"，故目之曰"气质之性"。其清底浊底、粹底驳底，已具于未发之前。而其未发也，气不用事，不见其痕，故经文之多从已发处说去者，以其可见处言也；多从炽荡处说来者，以其易流于炽荡也。固何尝专以已发底、炽荡底，断谓之气质之性乎？前圣贤之凡言心者，亦多指发处，因此而专以发处为心，其可乎哉？⑩

郭钟锡援引《太极图说》《易传》的本体宇宙论来看人性。据此，郭钟锡认为"性"虽然是自存在处立名，但其实有两层含义：一是就存有论而言，理即是性（"理即性"），在这个意义下的"性"跟天理（即天）一样，具有绝对普遍性，因此是人人皆同的，这是"本然之性"。一是就宇宙论而言，气的流行变化，有万不同，形成了人人所禀赋的如昏明轻重等气质之差异，但郭钟锡进一步认为这气质的差异也是一种"性"，即"气质之性"。他的理由是，气的存在与性的存有都一样根源于天。然而，这里有一个思考上的问题，即气根源于天与性根源于

---

⑩　郭钟锡：《上寒洲先生》，《俛宇集》I，卷10，页229a—b。

天,其实有不同的意义。因为说性根源于天,并不是说性这个存有,另有其作为存有的原因,其理由是性就是天理自身(如前文李震相所说"理无方体,岂有源头之可言乎")。但是说气根源于天(即前文"理生气"的问题),则可以从两方面思考,一是气的存在以天理为"原因"(cause),一是气的存在以天理为"理由"。在朱子由"然"推证"所以然"的思考方式下,天理只作为气的存在的理由,并不作为气存在的原因,直接决定气与万有的存在。若是天理作为气的存在的原因,则意谓天理决定了气与万有的存在与其差异,这不啻是一种"决定论"(determinism)的观点。关于这点,若从前文笔者对李震相"理生气"的分析来看,李震相其实对于性根源于天与气根源于天的差异有很清楚的理解,也没有混淆气的存在以天理为"理由"跟"原因"的区别。至于郭钟锡,笔者以为他其实对于"理生气",即气的存在是以天理为"原因"或"理由"没有清楚的认识(虽然如此,他以气作为万有存在的原因,来解释万有与人彼此之间的差异性倒是没错)[61]。不过,就因为他对于"理生气"没有恰当的理解,所以在他将气的存在与性的存有都一样根源于天的思考下,认为气质既然在气化流行下"与性俱成",则气质作为差异性原理也应视为是"本然之性"之外的另一种性——"气质之性"。不难发现,郭钟锡这里虽然援用了李震相"气质之禀与性俱成"的谈论,但因为在"理生气"问题思考上的差异,郭钟锡从宇宙论的角度转化了其意义。在这意义下,"气质之性"对郭钟锡来说是"气质所构成的性",这即是说,郭钟锡所理解的"气质之性"是横渠、伊川义下的概念[62],这相对于朱子学,可谓是一概念的滑转。他并

---

[61] 关于气根源于天与性根源于天的差异及其所产生的理论后果,匿名审查人指出:"性就是天理,所以说性根源于天没有问题;但气质不同于理,如果说气根源于天理,那么人与物所禀的气质的清浊厚薄,都是理决定的,那样说就有问题,于是会造成论文中所说的'气质决定论'……应该是说,天理只决定气的存在,但气以什么状态存在呢?何以有得五行之秀的人与得到五行之粗的物的不同,即人有贤愚的不同,就要看气的流行、变化而定,这不是天理有意决定的。"笔者由衷感谢匿名审查人的提点,让本文的理路更加清晰。

[62] 李明辉曾分析张横渠、程伊川与朱子对"气质之性"的理解说:"在横渠、伊川,'之'字表示成分或内容,'气质之性'意谓由气质所构成的性,气质是性之成分或内容;类似的用法如'青铜之器'。在朱子,'之'字表示存在之处,'气质之性'意谓气质中的性,性存在于气质之中;类似的用法如'山谷之花'。"这个对"气质之性"的理解,与张横渠、程伊川相当。见《刘蕺山论恶之根源》,《刘蕺山学术思想论集》(台北:"中研院"中国文哲研究所筹备处,1998),页104。

认为气质之性（不论是清底浊底、粹底驳底）存有于未发前；只是未发时气不用事，没有显现，所以过去的经典多从可见的已发处来谈论气质之性，并且也因为气质之性容易流于情欲，所以过去的经典多从情欲处（"炽荡处"）来谈论它。换言之，气质之性其实并不能专从已发处、情欲处来界定。他并举例，这就像伊川虽说"凡言心者，皆指已发而言"，但并不能专从已发处来界定心的情况一样[63]。

笔者以为，郭钟锡似乎没有意识到他对气质之性的理解与朱子不同（如前述，朱子认为气质之性就是本然之性，二者只是一性而两名），也没有意识到，他对气质之性的理解也与韩元震不同，因为韩元震并没有将气质等同于气质之性。

（2）由于郭钟锡并没有意识到他对气质与气质之性的理解并不同于韩元震，加上他认为未发前就有气质之性，因此他认为应该如韩元震的谈论一般，当在未发时以"单指（理）/兼指（气）"的方式论"本然之性/气质之性"，他说：

> 未发之前浑然一理，而初非无气，则就其中单指理而曰"本然之性"，兼指气而曰"气质之性"，有何不可？[64]

郭钟锡并以李滉《圣学十图》中的第六图"心统性情图"之下图（见下[65]）为据说：

> 退陶夫子"下图"内"气质""清浊粹驳"六个字，胡不排置于圈外发为之下，而乃反滚厕于圈内未发之境也。由此观之，其所以得性之名者，以其原于天而立于人者，与性而俱成故也。[66]

---

[63]　如朱子评论伊川说："伊川所谓'凡言心者，皆指已发而言'，吕氏只是辨此一句。伊川后来又救前说曰：'"凡言心者，皆指已发而言"，此语固未当。心一也，有指体而言者，"寂然不动"是也；有指用而言者，"感而遂通"是也，惟观其所见如何。'此语甚圆，无病。"黎靖德编：《朱子语类》，第4册，卷62，页1512。

[64]　郭钟锡：《上寒洲先生》，《俛宇集》Ⅰ，卷10，页229b。

[65]　此图出自李滉：《退溪集》Ⅰ，卷7，页206d。

[66]　郭钟锡：《上寒洲先生》，《俛宇集》Ⅰ，卷10，页229b。

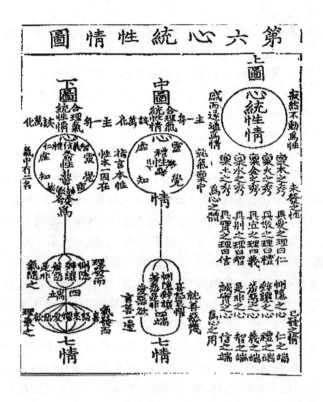

简言之，郭钟锡认为"未发时有气质之性"的主张，在李退溪的朱子学中也能成立。因为根据"心统性情图"之下图"本然—性—气质"的安排来看，显示了李退溪在性圈中确实将本然之性与气质之性相对⑥，若未发时没有气质之性，则"气质之性"与其内涵——"清浊粹驳"——为何置于表示未发的性圈之内，不是置于表示已发的性圈之外？这说明了他主张未发时有气质之性的合理性。他进而针对李震相以《尚书·皋陶谟》"九德"不是未发时的气质之性的看法提出了批判，他说：

> 皋陶所谓"九德"，其直温、宽栗之迹，则固当验之于已

---

⑥ 郭钟锡说："下图圈内，中书'性'字，以本然、气质相凑向里，可知其已自立名矣。"《上寒洲先生》，《俛宇集》Ⅰ，卷10，页232a。

发,而其直温、宽栗之德,则固何尝不具于禀赋中哉?朱子
曰:"聪明通晓,而或不贤者,便是禀赋中欠了清和温恭之
德。"⑱所谓"禀赋"者,指气质而言也。既言不贤者之欠了,
则贤者之具足,推可知矣。清和温恭,既具于禀赋中,则直
温、宽栗,推可知矣。亦何尝外于本然之性而有此九个德
云耶?⑲

郭钟锡认为人具有什么德行(如引文中枚举的《尚书·皋陶谟》的直
温、宽栗之德等"九德"),固然需要通过人在行为上的具体表现(如引
文中的直温、宽栗之迹)来检证,但这些德行何尝不是先天地内在于
禀赋之中,如朱子所说,人聪明却不贤能,是因为在其禀赋中就欠缺
了清和温恭的德行,而"禀赋"正是指"气质"而言。朱子既然说不贤
能的人在禀赋中欠缺清和温恭的德行,则可知贤能的人在禀赋中应
当就具备这些德行;清和温恭既然具于禀赋之中,为内在于禀赋中的
德行,则可知《尚书·皋陶谟》中的"九德"应当也是内在于禀赋中的
德行。又既然德行内在于气禀之中,可见德行当隶属于本然之性。
笔者以为,郭钟锡的谈论并不清楚,因为若顺着郭钟锡的谈论脉络与
他所要批判的李震相之见,则应当说"何尝外于气质之性而有此九个
德云耶"?笔者以为这或是书写或文献整理之误(下文李震相的理解
与郭钟锡的谈论可以支持这个看法)。

(3) 郭钟锡认为主张"未发时有气质之性"依然能解释儒家的道
德普遍主义。他说:

气者,动物也。屈伸反复,升降聚散。美者可使之恶,
清者可使之浊,粹者可使之驳,惟在人变化之如何。故习于
善,则其性本善而习与之成,张子所谓"善反之,则天地之性
存焉"是也,而《动箴》所谓"习与性成,圣贤同归"⑳者,亦是
也。习于恶,则其性乃与习而俱成,伊训所谓"兹乃不义,习

---

⑱ 黎靖德编:《朱子语类》,第2册,卷17,页375。
⑲ 郭钟锡:《上寒洲先生》,《俛宇集》I,卷10,页229b—c。
⑳ 见朱熹、吕祖谦:《近思录·克己》,《朱子全书》,第13册,卷5,页220。

与性成"者,是也。盖习之久且熟,则其所习者,遂并其气质而纯为恶,其气质已成于恶,则其为恶虽因已发而见,然其恶底已具于未发之前矣。《周诰》之"节性"、邹训之"忍性",以其易流于不善,故正欲于其将发处旋旋地节之、忍之,不使至于发而为炽荡也。若已至于炽荡,则正当如救焚拯溺之不暇,奚暇于节、忍耶?⑦

"气(质)"是可以变化的,端看人往何处变化,而这与学习相关。通过后天的学习就能成就人先天的善性("性善"之性),也能养成恶习,进而让气质熏习而成为恶性。郭钟锡据此认为,气质之性的恶虽然体现在已发处,但这表现为恶的气质之性,在未发前就已经存有,而为恶行的根据("其恶底已具于未发之前")。郭钟锡又称这个能为后天熏习又存有于未发时的气质之性为"气质所贮之性",并以之为已发后"淑慝之种子"⑦。他认为李震相所举儒家经典中的"节性""忍性",只是表明在未发的气质之性发用之前就要做工夫,不使它发而为炽荡的情欲;若气质之性是已发的情欲,则已经难以挽回,又何暇从事工夫。郭钟锡在这里似乎表达着三个意思:(a)是要通过张载《正蒙·诚明》跟程颐《动箴》中关于复性的谈论来论证圣凡都有相同的本然之性,本然之性才是我们的真性。(b)后天通过学习所熏习的气质或气质之性,不论是善性或恶性都已经内化而为未发之性。换言之,"未发时的气质之性"不只指谓与生俱来的禀赋,也指谓经由后天学习、内化所成就的习性。(c)由"节性""忍性"等工夫,说明"未发时的气质之性"是性,而不是情。他通过《论语·阳货》"性相近也,习相远也",以及《孟子·尽心下》"口之于味"章作进一步的说明:

> 孔子所谓"相近"之性,似亦指气质性之未发者而言之也,非谓发而气用事,然后善恶以类而相近也。若其已发而

---

⑦　郭钟锡:《上寒洲先生》,《俛宇集》Ⅰ,卷10,页229c。
⑦　郭钟锡:《上寒洲先生》,《俛宇集》Ⅰ,卷10,页231a—b。

气已用事，则其运为造作，已自判然于善恶之分，何但曰
"近"而已乎。……此所谓"性"者，兼指未发之气质。而谓
之"相近"者，以其有清有浊，而善恶之机关尚不露也。此所
谓"习"者，乃指已发之情、欲。而谓之"相远"者，以其或中
或乖，而善恶之霄壤，斯已判矣。声色臭味，易涉于"欲"字
界头，而孟子不曰"口之欲味，耳之欲声"，而止曰"口之于
味，耳之于声"，只管轻轻地说来，则奚可遽以攻取之欲目之
哉？盖气质非性也，而亦谓之性者，以其与性俱成。而未发
之前，清浊粹驳，已具于其中也。……"君子之弗性焉"者，
正以其非性之本体。而那虽浊，我可使之清；那虽驳，我可
使之粹故也。若其性之本体也，则岂能使清、使浊、使粹、使
驳也哉；以其可清、可浊、可粹、可驳，故"君子有弗性焉"。
而使之清、使之粹，乃所以善反之。而既清而粹，则实理透
彻，故曰"天地之性存焉"。由是推之，"本然之性"之"性"
字，直指其真体而重而实；"气质之性"之"性"字，借明其成
处而虚而轻。[73]

郭钟锡认为《论语》所谓"相近"之性似乎可以未发前的气质之性来说
明[74]，正因为气质之性在未发之前存有，其善恶还没能表现，所以人性
才是相近的，若从已发处论气质之性，则人性善恶的表现错杂，将远
非"相近"所能描述。相反地，所谓"习相远"，正可以表示人已发后错
杂的情欲表现。这即是说，气质之性作为"性"概念，应当安置在未发
时，而不是从已发时来谈论；已发时，则只是"情"。又郭钟锡认为《孟
子·尽心下》"口之于味"章"口之于味也，目之于色也，耳之于声
也……"[75]，孟子也并不直接以这些感性生命为人的欲望，否则孟子应
该说"口之欲味，耳之欲声……"据此，郭钟锡又申述"气质"虽然不是

---

⑦③　郭钟锡：《上寒洲先生》，《俛宇集》I，卷10，页229c—230a。
⑦④　朱熹注《论语·阳货》"性相近也，习相远也"说："此所谓性，兼气质而言者也。气
质之性，固有美恶之不同矣。然以其初而言，则皆不甚相远也。但习于善则善，习于恶则
恶，于是始相远耳。"（《四书章句集注》，页246）朱子在这里是以"气质之性"来说明"性相
近"。郭钟锡则据此做了进一步的发挥。
⑦⑤　见朱熹：《四书章句集注》，页519。

真性或性之本体,但它之所以被称为"气质之性",就是它与"本然之性"俱成,因此它应当跟本然之性一样存有于未发。张载说:"形而后有气质之性,善反之则天地之性存焉。故气质之性,君子有弗性者焉。"正说明气质之性是可以变化的;而可以变化的既然是气质之性,本然之性不可变,则气质之性并不是真性,本然之性才是真性(从这里的论述看来,郭钟锡确实以气质为相对于本然之性的气质之性)。这即是说,郭钟锡认为主张未发前有气质之性既可说明变化气质,也不违背儒家"性善"说所意味的道德普遍主义。

三、论辩开展

由前文郭钟锡的回应,可见李震相与郭钟锡对于"未发/已发"与"本然之性/气质之性"的内涵,以及这两组概念之间的关系,理解并不相同。因此,展开了进一步的论辩。以下笔者分别从双方在"气质之性""本然之性"以及"未发"上的论辩来分析他们的看法。

(一)双方在"气质之性"上的论辩

李震相与郭钟锡双方最大的歧见,自然是他们对于"气质之性"有不同的理解。以下笔者即详细分析他们之间的歧见。

1. 李震相对于"气质之性"的理解

由前述,郭钟锡在前文三个反对李震相的意见中,表示了他对"气质之性"的三个理解:(1)即是气质"与性俱成",故名为"气质之性";(2)是他主张"未发时有气质之性",故认为应当在未发时以"单指理"跟"兼指理气"的方式论"本然之性"与"气质之性",并以"未发时的气质之性"来谈论人与人在先天禀赋上的差异;(3)是"气质之性"不是"情"。针对这三个对于"气质之性"的理解,李震相皆有所批判。

(1)对于郭钟锡以气质跟性"俱成"于人,故名为"气质之性",将气质与气质之性混为一谈的看法,李震相批判说:

> 性之于气质,不离不杂。故单言性,而性非在于气质之外也;兼言气质,而气质元非性也。若以"与性俱成",而便可目之为性,则器水相涵,亦可认器而为水乎?油火相资,

> 亦可指油而为火乎？清浊粹驳，固已具于人心未感之前，而
> 此则气质之虚影，非若性之有实体也。⑯

李震相根据朱子理气"不离、不杂"的关系来思考性与气质的关系，认为就性与气质不杂而言，性虽然可以抽象地单言之，但就性与气质不离而言，性依然与气质并存；就性与气质不离而言，性虽然可以兼言气质，但就性与气质不杂而言，气质毕竟不是性，二者是异质异层，不能相互化约。据此，他批评郭钟锡以气质跟本然之性"俱成"，便以"气质"为"气质之性"，视"气质"为性的看法不免推论过当，就如器水相涵，就认器为水；油火相资，就指油为火。李震相认为未发前虽然有气质，但气质并非实体（reality），本然之性才是实体。而由于在郭钟锡的论述下，"气质"等同于"气质之性"，"气质"成了独立概念，因此他进而批判郭钟锡的理解说：

> 清浊粹驳四字，蔽尽气质之禀。而古人未有的指谓性
> 者。盖气虽浊，而性自净；气虽驳，而性自纯。目此为性，无
> 异认铁而作金也。⑰

李震相认为"清浊粹驳"总括了气质之禀（即气禀）的意义，但朱子并不以之为"性"。这是因为在朱子学中，朱子仅以"气质之性"为堕在"气质"中的"本然之性"（天地之性），"本然之性"与"气质之性"是同一个性⑱。这即是说，"气质之性"并不是一独立概念，"气质"才是与"本然之性"异质异层的独立概念⑲。而正因为"气质"与"本然之性"是异质异层的存有，所以气的浊驳，并无碍于性理作为超越存有的纯粹。他进而批判郭钟锡将"气质之性"视为独立概念的看法，不免是"认铁作金"。

---

⑯　李震相：《答郭鸣远》，《寒洲集》Ⅰ，卷19，页437b。
⑰　同前注，页438b。
⑱　如朱子说"大抵本然之性与气质之性，亦非判然两物也"（《答方伯谟》第3书，《朱子文集》，卷44，《朱子全书》，第22册，页2012）、"气质之性，便只是天地之性"（《朱子语类》，第1册，卷4，页68）。
⑲　如朱子说："论天地之性，则专指理言；论气质之性，则以理与气杂而言之，非以气为性命也。"（《答郑子上》第14书，《朱子文集》，卷56，《朱子全书》，第23册，页2688）

由此看来,李震相精准地掌握了朱子学中"气质之性"的意义。

（2）李震相进而批判郭钟锡对"气质之性"的第二个理解,即当以"单指理"跟"兼指理气"的方式论未发时的"本然之性"与"气质之性",并以"未发时的气质之性"来谈论人与人在先天禀赋上的差异。笔者以下依李震相的谈论顺序,先分析后者。

a. 如前述,郭钟锡捍卫过去以《尚书·皋陶谟》"九德"为"未发时的气质之性",主张人人先天禀赋的不同德行——如"九德"——为气质之性(气禀)。对此,李震相批评说:

> 若以"九德"全属于气质之禀,而无与于本性。本性只有四德,而气质更占九德,则虽无本性,而只据气质足矣。"禀赋指气质而言"者,亦恐做病。如是则《章句》所谓"仁义礼智之禀","理亦赋焉"之"赋",果何所指也。先儒于此,推说气质之性,概以直者或不足于温,宽者或不足于栗,此乃本性之随气质而偏焉者,而变化之至,仍为全德也。⑧

李震相认为(a)《尚书》中的"九德",如"直而温""宽而栗"等作为德行,是发而中节者,其根据是仁义礼智之本性(本然之性)。至于直不足于温、宽不足于栗的情况,则是发而不中节,是本性之随气质而偏者,需要辅以工夫,变化气质。若如郭钟锡所理解的,"九德"只是气禀,而没有本然之性的作用,则本然之性只有仁义礼智四个德行,气禀却有九个德行,若气禀比本然之性更有德,那么气禀岂不是比本然之性更有资格作为"未发"之中,而为诸德的根据。(b)由上述,将禀赋全然归诸气质,并不符合朱子学。因为朱子在《孟子》"生之谓性"注跟《中庸》"天命之谓性"注中也以人所禀有的性理(仁义礼智四德)为禀赋⑧。这即是说,禀赋也有自性理而言的,不能全然视之为气

---

⑧　李震相:《答郭鸣远》,《寒洲集》I,卷19,页437c。
⑧　朱子注《孟子·告子上》"生之谓性"说:"人物之生,莫不有是性……以理言之,则仁义礼智之禀,岂物之所得而全哉?"于《中庸》"天命之谓性"注中说:"性,即理也。天以阴阳五行化生万物,气以成形,而理亦赋焉……于是人物之生,因各得其所赋之理,以为健顺五常之德,所谓性也。"分别见朱熹:《四书章句集注》,页457、23。

质;换言之,禀赋与气质未必是同义词,所以他反对郭钟锡"所谓'禀赋'者,指气质而言也"的主张。进一步说,若从已发的气质之性来说明人人因为其气质的差异,因此对于仁义礼智本性的表现有所不同,正能说明人人之所以能达致完善的品德,其关键就在于变化气质。笔者以为李震相的批判是有道理的,因为朱子就是以"气质"概念,而不是从"气质之性",乃至"未发时的气质之性"的概念来谈论禀赋的差异[82]。事实上,李震相也这么理解,他说:

> 未发之际,气质自在,即此便是淑慝之种子。若其所包之性则纯善而已。性若不免于包藏凶慝,则荀卿为知性,而孟子欺我哉! 改之曰"性所具之气质"如何?[83]

李震相认为是未发时的"气质",而不是"气质之性"是善恶或美恶的种子,至于内在于气质的本然之性则纯粹至善。因此他建议郭钟锡,不如将他阐释"未发时的气质之性"所提出的"气质所贮之性"改为"性所具之气质"(即性所在的"气质")。

b. 李震相接着批判郭钟锡对于韩元震"单指理"跟"兼指理气"的方式论未发时的"本然之性"与"气质之性"的运用,认为(a)郭钟锡只是"单指气而曰'气质之性'",他说:

> "兼指其气",固昔人之说,而只于单指气而曰"气质之性",何其立言之无难也。苟如是也,性有两副,而情有二本矣。"清浊粹驳",若果是性,则亦能发而为情,如仁发而为爱,义发而为恶者耶? 执虚影而当实体,决知其不可也。……况发、未发以理言,初不可搀说气质,故朱子曰:"未发之前,尧

---

[82] 对朱子而言,气质有两个涵义,即"形质"与"资质"(请参阅朱熹:《朱子语类》,第1册,卷4,页76)。笔者曾对此做过分析,指出韩元震提出"未发时的气质之性"来谈论先天禀赋的差异,不免是叠床架屋,令问题复杂化。请参阅吕政倚:《人性、物性同异之辨——中韩儒学与当代"内在超越"说之争议》(台北:新文丰出版公司,2020),页188注44,亦见《韩儒李柬与韩元震的"未发心体有无善恶"之辩》,页109。郭钟锡的谈论亦有相同的问题。

[83] 李震相:《答郭鸣远》,《寒洲集》Ⅰ,卷20,页448b。

舜之与路人一也。"⑭未发之前，恶底已具，则尧舜、路人，相
去远矣。此乃认气为性之病根，不可不祛者也。⑮

如前述，未发前"兼指气而曰气质之性"是引发湖洛论争的韩元震所
提出的，也是郭钟锡所主张的，但李震相却批判郭钟锡其实主张的是
"单指气而曰气质之性"，尽管郭钟锡指出这不是他的主张⑯。李震相
当然知道郭钟锡主张的是未发前"兼指气而曰气质之性"，但由于郭
钟锡以气禀为气质之性，又以"九德"为气禀，因此，笔者以为李震相
之所以这么批判他，是因为若就他的对气质与气质之性的理解进行
推演，不免只是"单指气而曰'气质之性'"⑰。李震相也因此认为郭
钟锡在这点上的思考较之韩元震，不免过于简单。笔者以为李寒洲
这个批判其实表示，以郭钟锡对气质之性的理解，即气质之性作为独
立概念，根本不需要用这个论式来表示气质之性。而且若气质之性
也是独立概念，则气质之性也跟本然之性一样是实有，而分别为恶情
与善情的根据，这不啻说，在未发时即存有恶的根源（"未发之前，恶
底已具"），又如何解释人人皆可成为尧舜的"性善"说？正是"性理"
具有活动性，"性理"之发与未发出于自身，无关乎气质，方能给予"性
善"说一理论的说明。

（b）至于郭钟锡以李退溪"心统性情图"的下图作为未发有气质
之性的论据。李震相则表示：

仁义礼智，不可谓之气，则清浊粹驳，独可谓之性乎？⑱

退陶兼理气言心，而心本贯动静。故其为下图，以清浊粹
驳之气，对了仁义礼智之理，通谓之心而已，何尝以清浊粹驳

---

⑭　参黎靖德编：《朱子语类》，第 2 册，卷 26，页 644。

⑮　李震相：《答郭鸣远》，《寒洲集》Ⅰ，卷 19，页 437c—d。

⑯　郭钟锡说："单指气之单，实非钟锡之合下措语，其或倩笔之际，有所误写耶？"郭钟
锡：《上寒洲先生》，《俛宇集》Ⅰ，卷 10，页 231a—b。

⑰　李震相说："固非以气质专谓之性，而恐不免赚谓之性也。"李震相：《答郭鸣远》，
《寒洲集》Ⅰ，卷 20，页 448a。

⑱　同前注。

> 直谓之性也。此特心图也，故"以理与气合而言之"。……何
> 尝言能恶之物已具于未发，而为骄淫不义之性者乎？[89]

李震相如前述，认为理气虽不离，但亦不杂，因此以"仁义礼智"作为
内涵的"性"与以"清浊粹驳"作为内涵的"气"不能混同。他并认为
李退溪在下图中的宗旨之一，即在体现"心是理气之合"[90]的主体结
构，因此在性圈中将"清浊粹驳"的"气"与"仁义礼智"的"理"相对，
但这仅表示"心"的结构，并不意谓"清浊粹驳"的气质是性。不过，笔
者以为李震相这个对李退溪的理解未必正确。因为李退溪并没有意
识到朱子与张横渠、程伊川对于"本然之性/气质之性"的理解是不同
的，所以他主要是依据张横渠跟程伊川对"本然之性/气质之性"的界
定来理解跟诠释朱子学中的"本然之性/气质之性"。李明辉曾指出：

> 退溪并未注意到："天地之性"与"气质之性"之区分虽
> 出自张横渠，而为伊川、朱子所采用，但朱子却改变了"气质
> 之性"一词的涵义。简言之，对横渠、伊川而言，"天地之性"
> 是指人之超越的道德生命，"气质之性"则是指由人之自然
> 生命（气质）所构成的"性"，两者是相互独立的，其关系是理
> 与气之关系。但对朱子而言，"气质之性"即是"天地之性"，
> 而就它堕在气质中来说，特别称之为"气质之性"。在此，
> "天地之性"是纯理，"气质之性"则是理与气之混杂，故"气
> 质之性"并非对反于"天地之性"的一个独立概念。退溪亦
> 未清楚地意识到：他在采用"气质之性"一词时，往往不是根
> 据朱子所理解的意义，因而平添了不少理论上的纠葛。[91]

若从这点来看，笔者以为郭钟锡以李退溪在"心统性情图"之下图"本
然—性—气质"的绘图结构中，表示的就是本然之性与气质之性相

---

[89] 同前注，页449a—b。

[90] 有关李退溪"心是理气之合"的意义，可参阅杨祖汉：《从当代儒学观点看韩国儒
学的重要论争》，页80—82。

[91] 李明辉：《四端与七情》，页265。

对,并不是没有道理的。

（3）至于气质之性是否为已发的情,李震相说:

> "节性"注曰"节其骄淫之性"[32]。"忍性"注曰"忍其食色之性"[33]。骄淫果非炽荡之情,食色果非攻取之欲乎?"才思便是已发",况察而节之,制而忍之者乎? 气质初未尝自发,而其在未发界头,亦只是气质,何能别占一性。[34]

李震相指出"既思即是已发"[35],更何况是气质之性,它必在"已发"。而在朱子学中既然有骄淫之情、食色之性的谈论,则气质之性当指谓已发的情、欲。

2. 郭钟锡对于"气质之性"的理解

（1）郭钟锡为了回应李震相认为他将气质与气质之性混为一谈,将气质自身也当作性的批判,提出了他对于"气质之性"的另一个主张:未发时有气质之性,已发时亦有气质之性。他说:

> 气质之性固是难言,鄙意则本非谓已发后都无气质之性也,言未发前亦有之也。非以气质专谓之性也,言即气而兼指性也。前书所谓"与性俱成,而目之为性"云者,正以其"与性"之"与""俱成"之"俱",皆是"兼"字意故也。若欲单指气作性,则何必着"与""俱"字为哉! 器水相涵,而器不可以为水;油火相资,而油不可以为火。盖曰:以器水言,则琉璃之器,其水澄澈;陶瓦之器,其水黯黵;泥土之器,其水混浊。以油火言,则胡麻之油,其火晴朗;秦椒之油,其火凄静,绵子之油,其火暗暧云耳。清浊粹驳,虽非性之实体,而亦自是心之偏体,则于其未发也,非没了偏体也。未发而不

---

[32] 蔡沈:《书集传》,《朱子全书外编》,卷5,页187。

[33] 朱子注说:"动心忍性,谓竦动其心,坚忍其性也。然所谓性,亦指气禀食色而言耳。"朱熹:《孟子·告子下》,《四书章句集注》,页487。

[34] 李震相:《答郭鸣远》,《寒洲集》Ⅰ,卷19,页437d—438a。

[35] 见程颢、程颐:《河南程氏遗书》,卷18,页200。

> 能无偏体,则单指本体而为本然之性,兼指偏体而为气质之
> 性。是以气质之性,自其未发而言,则为"气质所贮之性",
> 而为发后淑慝之种子;自其已发而言,则为"气质所变之
> 性",而为发前清浊之苗脉,何必专归于已发而不干于未
> 发为?⑯

郭钟锡在回应中指出他的主张是:不论是未发还是已发,都有气质之
性;他并不以气质自身即是性,而是"即气而兼指性"。为了说明他主
张的合理性,他扩大了韩元震对于"未发"与"单指/兼指"的运用,即
韩元震原来的提法是就"心"未发时立论,但郭钟锡现在则扩大到存
在,认为"与性俱成"中"与""俱"都是"兼指"的意思,赋予了"兼指"
以宇宙论的意义,认为这样就能说明他并非"单指气而曰气质之性"。
但这并不是一个充分的说明,诚如笔者于前文指出的,他所说的性其
实就是气质(自然生命)所构成的"性"。

　　据此,a. 他反过来批评李震相由器水、油火之喻说明理气不离、
不杂的看法。郭钟锡从理气不离的角度,诠释器水、油火等等比喻,
强调水、火等会因为所处之地或材料的不同,有不同的呈现,以此说
明清浊粹驳的气质会影响性的表现,认为气质虽然不是实体,但相对
于本然之性作为实体,依然是一种存在(偏体)。那么,当心处于未发
时,并不是没有气质;而既然未发有气质,则便可运用"单指/兼指"的
方式谈论本然之性跟气质之性。他据此进一步地阐释他无论未发、
已发,都有气质之性的意思,即气质之性若自未发时来说,就是"气质
所贮之性",作为"发后淑慝之种子";若自已发时来说,就是"气质所
变之性",而为"发前清浊之苗脉"。换言之,郭钟锡将李震相对"气质
之性"的理解,与自身的理解关联起来,提出了一个折中的主张。据
此,b. 他批判李震相以"气质"为"发后淑慝之种子"的看法,他说:

> "未发之际,气质自在,而即此便是淑慝之种子",则气
> 质能无待性而为淑、为慝乎? 性固纯善,而恶气具之,则为

---

⑯　郭钟锡:《上寒洲先生》,《俛宇集》Ⅰ,卷10,页231a—b。

恶气之理;邪气具之,则为邪气之理。然而性之发而为恶
者,以其揜于气故也,非性之罪也。而才说气质所贮之性,
则便对着气质所变之性;而性之变于气质者,以其贮于气质
故也。若专以气质为淑慝之种子,则淑者,善也;种子者,根
本也;善之根本,果是气质耶? 荀、扬之言性,单言性而谓之
恶,故其言为有罪;若兼言气而谓之不能无恶,则亦何不可
之有? 荀、扬之言性,认气为理,以恶为本然,故其言为有
罪;若看气作气,看理作理,将气联性而谓气质之性,就气剔
理而谓本然之性,则亦何不可之有? 愚之所论,实论气质之
性,则何尝以"兼善恶"者谓之本然之性也哉? 朱夫子亦多
有未发前气质性之说,然则朱子为欺我乎?⑨

他认理气(性与气质)相须方能发而为善恶(淑慝)的行动,性虽然是
超越的而为纯善(理气不杂),但若性理内在于恶气、邪气之中,而为
内在于恶气、邪气中的理,那么当纯善的性理发动时,也会为伴随性
理发动的恶气、邪气所遮蔽,而成恶行。换言之,性为气质所遮蔽才
是恶的原因。据此,郭钟锡认为以"气质所贮之性"(未发)与"气质所
变之性"(已发)来阐释"气质之性",正可以表明性与气质相须,以及
气质对性有所限制的关系。"气质所贮之性"正与"气质所变之性"为
一组概念,而且"气质所变之性"在理论上预设了"气质所贮之性"作
为前提。他认为若如李震相所主张的,"气质"是"淑慝之种子",则岂
不是将善(淑)的根源置于气质。而由于郭钟锡以在未发时的气质之
性是兼指理气的"气质所贮之性",所以他认为他并不是如李震相所
批评的是"单指气而曰气质之性",也不认为他的看法近于荀子、扬雄
之见。

(2)关于李震相批评他以禀赋为气质,郭钟锡说:

"禀赋,指气质而言"者,非一概以"气质"当之也。朱夫
子于"清和温恭"之说。既谓之禀气之清,又谓之所赋之质,

---

⑨　郭钟锡:《答寒洲先生》,《俛宇集》Ⅰ,卷10,页235b—c。

则此个"禀赋"，果非指气质而言耶？气不能自发而为德，则
安敢以"九德"专属于气质乎！盖谓"即气而理在其中"耳。
性中只有个仁义礼智四者而已，曷尝有直温、宽栗等来哉㉘？
特仁义礼智之理，随气质而为德云耳。㉙

他一方面承认"禀赋"确实如李震相所说的，并不是都属于气质，但一
方面他则认为他所举的朱子"清和温恭"一段谈论（见注 68），正是以
气质而言的"禀赋"。他并站在退溪学派"理发"的立场，认为气不能
自发而为德行，所以他不是以"九德"专属气质。他在此认同李震相
的看法，认为性的内涵只是仁义礼智，是性理随气质而为德（九德），
所谓"即气而理在其中耳"。

至于李退溪"心统性情图"之下图能否为支持郭钟锡未发有气质
之性的证据？郭钟锡反驳说：

愚以为论性之详，莫备于中、下二图。中图则单指本
然，故单书"性"字。下图则兼指气质，故一"性"字上下，以
"本然"字、"气质"字，相向写着，以明本然性、气质性同是一
性，而特以单指、兼指而异其名耳。若气质之性，不立名于
圈内，则单书"性"字，何不如中图之为，而漫写着"本然"字
于方寸之中，使人疑其为对"气质"而立名乎？且于圈之旁
注，何故写着"性本一，因在气中有二名"之语也。……《图
说》中历举气质之性，而继之曰"其发而为情"云云，分明是
气质之性，发而为情；则未发之前，果无气质之性耶？……
此图之旨，只明其有气质之性而已，不必说到骄淫不义处
也。气质之性，岂专是为恶者哉？骄淫不义，乃浊气驳质之
性之所发也。愚何尝以不义谓之性乎？亦何尝以骄淫谓之
未发乎？……是以论本然之性者，当主中图；论气质之性

㉘　这是仿程伊川"性中只有仁义礼智四者，几曾有孝弟来？"（《河南程氏遗书》，卷
18，页 183）的话。程伊川的理由是"仁是性（原注：一作本）也，孝弟是用也"，即他认为性
（仁义礼智为其内涵）是其他德行之为德行（如孝悌）的根据。

㉙　郭钟锡：《上寒洲先生》，《俛宇集》Ⅰ，卷 10，页 231b。

者,当主下图。今方论气质之性,而专主中图之旨者何也?⑩

简言之,郭钟锡认为李退溪在"心统性情图"的中图中已表示了单指
理而为本然之性的意思,这样一来,下图既然有着"本然—性—气质"
的排列,那就应该是在说明兼指气质而有"气质之性"的意思,又性圈
旁有"性本一,因在气中有二名"的说明,而在这"心统性情图"的《图
说》中又"历举气质之性,而继之曰'其发而为情'"⑩,则下图应该就
在说明未发时有气质之性。又此下图中,只有说明气质之性(及其内
涵"清浊粹驳"),李震相说到骄淫、不义等等,已是过度推演了;况且
气质之性,不只是恶行的根据,也是善行的根据,不应当仅仅以负面
意义看待。

(3)关于李震相坚持已发的气质之性为情,郭钟锡则首先指出心
之已发未必就是情、欲:

> 声色臭味之欲,人心也;仁义礼智之发,道心也。人心、
道心俱本于天理,然自其已发之苗脉而推其未发之种子,则
其有道心者,以吾心之自有是理故也;其有人心者,以吾心
之不能无气故也。人心亦自有合理者,则奚可遽以攻取之
欲目之哉!《集注》所谓"五者之欲,性也"⑩云者,亦只是平
说,何尝有攻取底意思。"口之于味"云云,言固自有是欲,
然而语意亦自平顺,与"口之欲味"云云,不曾如是有急迫攻
取底意思耳。⑩

郭钟锡以"道心/人心"为例,认为已发之心也有合理者,不能全然视
为情、欲。《孟子·尽心下》"口之于味"章则重复前文(参见注75)的
意思,不再赘述。再者,郭钟锡举出了反例,论证本然之性也多有自
已发说者,但不见得是情;甚至本然之性在未发,也能是情:

⑩　郭钟锡:《答寒洲先生》,《俛宇集》I,卷10,页237a—b。
⑩　请参阅李滉:《退溪集》I,卷7,页207b—c。
⑩　朱熹:《孟子·尽心下》"口之于味"章注,《四书章句集注》,页519。
⑩　郭钟锡:《上寒洲先生》,《俛宇集》I,卷10,页231d。

"节性""忍性"之性，固似"情"字，而非惟气质之性如此说了，虽于本然之性亦多如此。曰："心能检性"[104]，若其未发，则何待于检制耶？曰：孝弟天性也，性中曷尝有孝弟来耶？曰："知其性之所有而全之。"[105]性之未发，浑然全軆，则何事于全之耶？曰："好善恶恶，人之性也。"[106]好之恶之，果非情耶？[107]

据上述，钟锡认为已发的气质之性也未必是情。

（二）双方在"本然之性"上的论辩

如前述，李震相认为主张未发有气质之性，就是主张未发时即存在恶的根源，无法解释"性善"说。他认为"发、未发以理言，初不可搀说气质"，即"性理"之发与未发出于自身，并无关乎气质。这即是说，未发时只能有本然之性，并且只有通过在未发时的本然之性方能说明"性善"说。因此，他对于郭钟锡以未发时的气质之性（气质所构成的性）为未发之性来说明《论语》"性相近"中的"性"，提出批评说：

"性相近"云者，言其性之随气质而不同者，"或厚于仁而薄于义，或余于智而欠于礼"[108]，正说佗偏全不同处，此乃理因气异，而异底实理者也。乌可单谓之"气质"乎？[109]

前文提到，郭钟锡以未发时的气质之性来说明《论语》"性相近"的义理，他的说法是根据朱子的注释："此所谓性，兼气质而言者也。气质之性，固有美恶之不同矣。然以其初而言，则皆不甚相远也。"[110]不过，

---

[104] 此出于朱子："渠（按：张横渠）……云：'心能检其性，"人能弘道"也；性不知检其心，"非道弘人"也。'"黎靖德编：《朱子语类》，第 7 册，卷 97，页 2502。但张载原文为："心能尽性，'人能弘道'也……"见《正蒙·诚明篇》，页 22。

[105] 见朱熹：《大学章句·序》，《四书章句集注》，页 1。

[106] 同前注，页 17。

[107] 郭钟锡：《答寒洲先生》，《俛宇集》I，卷 10，页 235c—d。

[108] 朱子原文为："人只是一般人，厚于仁而薄于义，有余于礼而不足于智，便自气质上来。"黎靖德编：《朱子语类》，第 4 册，卷 59，页 1389。

[109] 李震相：《答郭鸣远》，《寒洲集》I，卷 19，页 438a—b。

[110] 朱熹：《论语·阳货》第 2 章，《四书章句集注》，页 246。

朱子在这里是以"气质之性"来说明"性相近"⑪，不是"未发时的气质之性"，郭钟锡之说出自他对朱子学的阐释与推演。观李震相于上引对"性相近"的解释，则看似正阐释朱子"气质之性"的涵义；但是，李震相其实另有他解。他说：

> "理之因气质而异者，即气质之性"。鲁语"性相近"，程子谓"此言气质之性，非言性之本也"⑫。朱子曰"人有厚于仁而薄于义，余于礼而不足于智，此便自气禀中来"。孟子曰"犬之性，犹牛之性与？牛之性。犹人之性与？"先儒以为观此，则孟子未尝不论气质之性。盖人物之生，固均得五常之性，而但其气质之禀有偏全、厚薄，故理亦有偏全、厚薄。以大分言，则人之性全，而物之性偏；以小分言，则人亦有厚于仁而薄于义，厚于礼而薄于智。今以纯善之体，不为气质所囿者曰"本然之性"；以偏全之分，随气质而各异者曰"气质之性"；则未发之前，亦固有偏全、厚薄之实，其说最精而可通。然"气质之性"，张子以对"天地之性"，朱子以对"本然之性"，以"天地之性"言之，则天之性偏于健，地之性偏于顺，水之性偏于润下，火之性偏于炎上，木之性厚于仁而薄于义，金之性厚于义而薄于仁。人物未生之前，理亦不离于阴阳之气、五行之质，而固已有偏全、厚薄之差矣。虽以已生后言之，人性本全，物性本偏。薄于仁者，本然之薄也；厚于义者，本然之厚也。且性是那"因气质"而标名，其德之仁义礼智，亦莫非"因气质"而分，则偏全、厚薄虽因乎气，其为纯善而无恶，则一也，何可别名为"气质之性"哉！"性相近"集注饶氏、胡氏，皆以本然之性，兼气质言之，非专言"气质之性"。盖美恶不齐，气质之性也；其初之不甚相远者，偏全之性也。《集注》之意，岂不以其初，别于所变也耶？孟子犬

---

⑪　《朱子语类》载"（甘节）问：'"性相近"，是本然之性，是气质之性？'曰：'是气质之性。本然之性一般，无相近。……'"（第4册，卷47，页1178）
⑫　见朱熹：《四书章句集注》，页246。

牛人不同处，乃"气犹相近，而理绝不同"者也。虽其因气而
异，异底实理。既因乎气，则未为不论气，而异底实理，则不
可便以为气质之性也。故《章句》以理释性而已，初不举"气
质"一款，则虽有偏全之差，亦只是纯善无恶而已。其与本
然之性，容有异乎？⑬

李震相在此批判从宇宙论的角度说论"理之因气质而异"而有"气质
之性"的看法。在这个看法之下，学者用以解释人与人之间禀赋的差
异（厚薄之分，小分），也用于解释人性与物性之间的差异（偏全之分，
大分）。他认为这个看法，以未发前有气质之性（"未发之前，亦固有
偏全、厚薄之实"）之说是在理论上最精巧、也说得过去的看法。不
过，李震相认为，虽然具差异性的"气质之性"是相对于"天地之性"
"本然之性"而言的，但（1）其实天地之性自身就具有差异性。而在
人、物在未生之前，就已经有理气了，但理气虽不相杂，却也不相离，
因此天理自身的差异性，即通过气质而体现出来（偏全、厚薄等）。因
此，在人、物存在后，人性、物之性之辨（偏全之分），人与人之间的禀
赋之别（厚薄之分），其实都是天理或本然之性的体现。而且（2）
"性"也是"因气质"而立名，即就人、物的存在而得名。"性"的内涵：
仁义礼智，也是因为气质而体现了人性与物性上的分别、人与人之间
的禀赋的差别，但这其实并无碍于这些有差异的"性"具有"纯善而无
恶"的性质，而皆为"本然之性"，不能以"气质之性"视之⑭。李震相
在这里要说明的是"理并不因气质而异"，理自身既是同一（纯善而无
恶），又包含差异性。他举宋儒饶双峰（鲁，1193—1264）与元儒胡云

---

⑬　李震相：《答郭鸣远别纸》，《寒洲集》Ⅰ，卷 20，页 452d—453b。

⑭　李震相这个人物之性是"因气质"而名的"本然之性"，应当与韩元震的"性三层
说"有关。韩元震说："理本一也，而有以超形气而言者，有以因气质而名者，有以杂气质而
言者。超形气而言则太极之称是也，而万物之理同矣。因气质而名则健顺五常之名是也，
而人物之性不同矣。杂气质而言则善恶之性是也，而人人物物又不同矣。"（《拟答李公
举》，《南塘集》Ⅰ，卷 11，页 248b）据此，安琉镜认为主张"未发时有无气质之性"与"人性物
性同异"论之间有理论上的同构性，即主张"未发时无气质之性"也会主张"人性物性同"
论，主张"未发时有气质之性"也会主张"人性物性异"论（见氏著：《이진상과 곽종석의 미
발 때의 기질지성 유무 해석 고찰》[考察李震相与郭钟锡对未发时气质之性有无的解释]，
《한국학》[韩国学]，第 47 卷第 1 号，页 332—333）的看法，有待商榷。

峰（炳文，1250—1333）的注释，支持己说⑤。在这个理解下，李震相以朱子论人性、物性"气犹相近，而理绝不同"⑥一句，意谓的是人与物各自的"本然之性"先天就不同⑰，所谓"因气而异，异底实理"。李震相这个解释是将朱子的注释拆成两个部分，即朱子"此所谓性，兼气质而言者也。气质之性，固有美恶之不同矣"的前半句，"此所谓性，兼气质而言者也"是先天的"本然之性"，后半句"气质之性，固有美恶之不同矣"是"气质之性"（即气质所变之性）。据此，李震相对于"理一分殊"，也提出相应的解释，他说：

> 　　窃尝推之，理在天地，亦不离于阴阳之气五行之质。单指其理之一，则浑然太极之全体，而理一之中，分未尝不殊。……极言性之本原，固已然矣。而人物之生，形气尤著，成形有大小，受气有多寡。……气偏而理亦偏，气全而理亦全。其偏其全，已然于赋性之初，而单指其理，又非"杂气"而为言，则虽谓之"本然之性"可也。然而"人生而静，天之性也"，"未发之前，气不用事"，一理浑然，元无间架，即所谓"太极全体……各具于一物之中"⑱者也，何尝有偏全厚薄之别哉？惟理发而气用事，然后见其慈详（按：祥）而欠断制者，则知其仁厚而义薄；见其疏通而欠敬谨者，则知其智全而礼偏。如是则浑然全体，性之本于天地者也；偏全厚薄，性之变于气质者也。偏全厚薄，若果是气质之性，则气质之

---

⑤　请参见胡广等纂修，周群、王玉琴校注：《四书大全校注》（武汉：武汉大学出版社，2009 年），上册，页 700。

⑥　朱熹：《答黄商伯》第 4 书，《朱子文集》，卷 46，《朱子全书》，第 22 册，页 2130。

⑰　笔者以为这是李震相对朱子学的特殊解释，因为据笔者的研究，"朱子基本上以'偏'/'正'来说明宇宙论上人物气禀与形质上的差别；以'偏'/'全'来说明知识论与其在实践上人物对性理的知觉与表现上的差别；在存有论上，性理自身则'不可以偏正通塞言'也'不可以偏全论'"（请见吕政倚：《人性、物性同异之辨》，页 148—149）。在朱子，"本然之性"作为"存在之理"只是一，而不是多。而"气犹相近，而理绝不同"一句，当解释为人物因气禀的差异，所以有相近，也有不相近的知觉运动，以至于对理的表现便有偏全，换言之，"理绝不同""理之异"，是指在实践上对理的表现有"不同"或"异"，而非理本身有异（请参阅牟宗三：《心体与性体》，第 3 册［台北：正中书局，1995］，页 497）。

⑱　周敦颐：《周敦颐集》，页 5。

性不可言于未发也。然而其形虽著于已发之后，而其实已具于未发之中。自其浑然者看，则太极全体，其理自一；自其粲然者看，则偏全厚薄，其分实殊。一时一处，又只是一物，将以何者为本然，而何者为气质乎？愚故曰：此决非气质之性所以得名之指也。[119]

简言之，李震相解释"理一分殊"，认为这意谓"理一之中，分未尝不殊"，即"理一"自身就包含差异性，所以"本然之性"是多而非一。因为人物之性是"因气质"而有不同，不是"杂气质"而有不同，所以能视之为"本然之性"（请参阅注 114），唯"心"已发之后，"本然之性"为气质所变而有不同的表现，方称为"气质之性"。但李震相又说气质之性"形虽著于已发之后，而其实已具于未发之中"，似乎意味着未发时有气质之性，但这不是他的意思。李震相的意思是形著于已发之后的气质之性，其实是以未发时即有差异的本然之性为根据。最后，李震相认为"一时一处，又只是一物"，此意谓在心未发之时、未发之处，只有本然之性。

由上述，李震相既然主张"性相近"为未发时即有差异的"本然之性"，自然与郭钟锡主张"性相近"为未发时的"气质之性"（即气质所贮之性）不同。但乍看之下，因为本然之性"因气质""兼气质"而具有差异性，所以郭钟锡一度认为李震相对朱子学的理解其实与他相同[120]，二者的差异只在是不是能于未发时论气质之性：

"一时一处"，则固也，而"只是一物"，则理气滚为一物而不可分看耶？即其不相离、不相杂之地，而可以单指，亦可以兼指。何必离气而后可以单指？杂气而后可以兼指乎？[121]

郭钟锡认为心在未发时、未发处，理气既然滚为一物，那么"性"就可

---

[119] 李震相：《答郭鸣远》，《寒洲集》Ⅰ，卷 19，页 438c—439a。

[120] 郭钟锡说："下海中有与鄙意契合者三，曰'理同而气异，而异底实理'；曰'理一之中，分未尝不殊'；曰'其形虽著于已发之后，而其实已具于未发之中'。鄙意亦如是而已。"郭钟锡：《上寒洲先生》，《俛宇集》Ⅰ，卷 10，页 232a。

[121] 同前注。

以运用"单指/兼指"分别指涉本然之性与气质之性,不需要在未发时只单指理,已发时才"杂气质"兼指理气。但李震相认为他所谓的"理因气异"说的是"本然之性",而不是郭钟锡清浊粹驳的"气质之性";他所谓的"理一分殊",是"理之分数",而不是"气不齐之分数"⑫。至于是否在心未发之时、未发之处运用"单指/兼指"的方式论"本然之性/气质之性",除了前文已提到的论述之外,李震相进一步提及他在工夫论上的理由:

> 本然之性,气质之性,只在一处,只是一物,而特以同异而有二名耳。此亦似矣。而殊未知未发之前,一理浑然,即是太极之全体。虽其所得之理,各有厚薄,而初无间架,只见其同。苟于此用工夫,则一体存养而已。才欲拣其薄而助之厚,矫其偏而反其全,则便不成未发,亦无处下手矣。惟已发之后,薄于仁者多残忍,薄于义者多柔懦,然后可得以矫揉克制,反之为全。今于未发之前,硬说了偏全厚薄,则太极全体,其可分裂乎? 浑然至善,其可抉摘乎? 存养地头,其可矫揉乎? 要之,未发之前,不须论气质之性。⑬

李震相批判主张在未发时,"本然之性/气质之性"只是一性两名的看法。他认为在未发时,就只有本然之性,此时的工夫亦只有存养而已。若要在未发时用矫揉克制的工夫,则未发就不是未发;只有在已发之后,本然之性为气质所变,呈现其气质的偏差之处,才能针对气质的偏差下变化气质的工夫。而且,若在未发之前就主张气质之性的差异,不免是对太极或性理的割裂。又未发时的本然之性作为道德实践的超越根据,其自身就是"浑然至善"的,人若处于未发状态,则必能实践其内容,没有天理与人欲的抉择问题。最后,如前述,未发的工夫只有一个,即存养。总之,李震相从工夫论的角度,认为"未发之前,不须论气质之性"。

---

⑫ 李震相:《答郭鸣远》,《寒洲集》Ⅰ,卷20,页449b。
⑬ 李震相:《答郭鸣远别纸》,《寒洲集》Ⅰ,卷20,页453b—c。

对于李震相的"理因气异""理一分殊"之说，郭钟锡认为并不合理。关于"理因气异"，他说：

> 偏全厚薄，各以其当人之身所存底体段而言之，则此为本然之性，自其因气异处言之，则这亦是气质之性。"童蜚卿问气质之性。朱子曰：'天命之性，非气质则无所寓。然人之气禀有清浊偏正之殊，故天命之正，亦有浅深厚薄之异，要亦不可不谓之性。'"[124]此理之偏全厚薄，亦由于气禀之有清浊偏正故也。若无这气禀之异，则理何从有殊。……愚何尝谓有浊驳之性也耶？[125]

郭钟锡在这里对朱子气质之性的理解，即"理之偏全厚薄，亦由于气禀之有清浊偏正故也。若无这气禀之异，则理何从有殊"，笔者以为没有问题。但他忽略了李震相之所以强调本然之性（天命之性）之所以有差异，是因为他主张理会活动，强调性理的主动性。此外，若以他在这里的对气质之性的诠释看来，他似乎并没有视气质之性为独立概念，将之当作气质所构成的性，所以他说："愚何尝谓有浊驳之性也耶？"但真是如此吗？他在紧接着对李震相"理一分殊"的批判中说道：

> 如无气不齐之分殊，则理何以有分殊乎？理者，太极本体之全也；分殊者，五行各一之性也。理一处单言太极，分殊处联说五行。朱夫子以五行"各一之性"谓之"气质之性"，则分殊果非气质之性耶？（原注：非以分殊谓非理也。才说分殊，便是因气而有异。）浑然、粲然，果只是一理。而言其浑然，则一太极而已。言其粲然，则木之神，仁也；火之神，礼也；金之神，义也；水之神，智也。而于是焉有金三分而木一分，则仁多而义少，水三分而火一分，则智多而礼少者。此皆性之随气而有异者耳。合看而分看，分看而合看，

---

[124] 黎靖德编：《朱子语类》，第 1 册，卷 4，页 67。

[125] 郭钟锡：《答寒洲先生》，《俛宇集》Ⅰ，卷 10，页 237b—c。

则浑然、粲然，固谓之同，亦谓之异。⑫

若单就"如无气不齐之分殊，则理何以有分殊乎？"一句话，则与郭钟锡上文对"气质之性"的诠释一致，即视"气质之性"为内在于气质的天命之性或本然之性。但郭钟锡接着以五行"各一之性"为"气质之性"，而这个含义，观他所说"金三分而木一分，则仁多而义少……性之随气而有异"者，则依然是从气质所构成的性来说气质之性。但无论郭钟锡对于朱子学中的气质之性理解如何，他所要指出的是，既然李震相以本然之性具有差异性，则这在朱子学中就应当是气质之性⑫。

对于郭钟锡的批判，李震相说：

> 理自是有条理底名字，理如无散殊之妙，则气何自而有散殊。太极里面实含得元亨利贞、仁义礼智信之分殊，故气乃有春夏秋冬、水火金木土之殊。贤座却倒说了。岂"主理"之宗旨乎？五行"各一之性"，先辈有"本然""气质"之争，而朱子本解曰："各一其性，则浑然太极之全体，无不各具于一物之中。"盖水之润下，火之炎上，虽各因气而异，皆其本性然也。徐子融尝以附子热、大黄寒为气质之性，而朱子斥之曰"子融认知觉为性，故以此为气质之性"。盖从陈才卿"本然"之说也⑫。推此则五行各一，亦岂非"本然之性"乎！⑫

一如笔者所指出的，由于郭钟锡忽略了李震相之所以强调本然之性

---

⑫　同前注，页237c—d。

⑫　笔者以为这个看法具有合理性，如李柬与韩元震的论辩中，李柬也批判韩元震视"因气质"而名的五常之性为"本然之性"是有问题的，因为这在朱子学中，就是"气质之性"（见李柬：《五常辨（甲午）》，《巍岩遗稿》，卷12，页464d—465a）。相关研究，可参阅蔡茂松：《湖洛两论之研究：韩儒李巍岩与韩南塘对人物之性同异问题之论争》，《成功大学历史学报》，第6期（1979年7月），页234；杨祖汉：《从当代儒学观点看韩国儒学的重要论争》，页410；吕政倚：《人性、物性同异之辨》，页207—208。

⑫　见《朱子语类》，第1册，卷4，页61。

⑫　李震相：《答郭鸣远别纸》，《寒洲集》Ⅰ，卷20，页453b—c。

（天命之性）有差异，是因为他主张理会活动，强调性理的主动性。因此从李震相的观点来看，认为郭钟锡颠倒了理与气的主从关系，而不是他"主理"的宗旨。关于五行"各一之性"，李震相认为朱子所阐明的是天理的绝对普遍性，他以"枯槁有性"说为例，认为朱子在这个论辩中，正因为强调天理的绝对普遍性，故主张"枯槁有性"为"枯槁有本然之性"，所以"各一之性"也应当是"本然之性"⑬，而不是郭钟锡所理解的"气质之性"。

（三）双方在"未发"上的论辩

前文提到李震相认为郭钟锡阐释下的"气质之性"，其实只是"单指气而曰气质之性"，是气质所构成的性，因此认为郭钟锡在思考上较之韩元震简单。而且若"气质之性"是相对于"本然之性"的独立概念，则气质之性也就跟本然之性一样是实有，分别成为恶情与善情的根据，这不啻说，在未发时即存有恶的根源（"未发之前，恶底已具"），这要如何解释人皆可成尧舜的道德普遍主义呢？对此，郭钟锡认为这可从他自后天熏习所诠释的"未发前的气质之性"（"气质所贮之性"）获得解释，他说：

> "恶底已具云"者，言"习与性成，圣贤同归"，则性之善固自若也。"兹乃不义，习与性成"，则性为恶之理；而能恶之物，已具于未发之前矣。尧舜、孔颜习于善，而性本成于善者也。癸辛（按：当是辛癸，指商纣）、跖蹻习于恶，而性乃（原注：兼气之性）成于恶者也。伊训之"习与性成"，鲁论之"性相近，习相远"，皆以"习"字对"性"字，则习属于已发，性属于未发，不亦较然乎？⑬

郭钟锡认为，正因为能被变化的对象——气质之性——具于未发之

---

⑬　牟宗三正认为"枯槁有性"，是有本然之性（见牟宗三：《心体与性体》，第 3 册，页501），而据笔者的研究，笔者也支持这个看法（请参阅吕政倚：《人性、物性同异之辨》，页137）。不过要注意的是，李震相在这里虽然以"枯槁有性"与"各一之性"为"本然之性"，但这"本然之性"是多而不是一。

⑬　郭钟锡：《上寒洲先生》，《俛宇集》Ⅰ，卷 10，页 231b—c。

前,所以才能习于善而成善性,习于恶而成恶性。而若习于善而成善性,则"圣贤同归",性善依旧。据此,他认为气质之性属未发,后天的学习属已发之事,是非常清楚的。他又说:

> "未发之前,初不可以挽说气",则朱夫子何由而亦多有"未发前气质性"之说乎?"尧舜之与路人,一也"者,是就未发中,单指其本然之性言之耳。鄙所谓"将发处旋旋地节之、忍之"者,非专以为未发时节也,正朱子所谓"欲动不动之时"[132]也。欲动不动之时,已有善恶之几,则亦安得无骄淫、食色之几哉?于此最好用工,何必遽以为炽荡,然后必节之、忍之耶?[133]

他认为李震相"未发以理言,初不可挽说气质"(即主张未发时只能单指理,不可兼指气质),若是对朱子"未发"说的正确认识,何以朱子多有"未发前有气质之性"之说?反之,若主张"未发前有气质之性",则除了能以未发前单指本然之性来说明人人皆同具的尧舜之性外,就兼指气质而言,又可以解释尧舜与路人的气质之性不同,即尧舜禀有"清气粹质之性"、路人禀有"浊气驳质之性"[134],而且,还可以解释"慎独"工夫的重要性。如前文所述,郭钟锡通过"节性""忍性"等工夫的诠释来说明"未发时的气质之性"是性,而不是情,进而主张工夫要用在未发之性上。

　　针对郭钟锡从"习与性成"来解释道德普遍主义,李震相批判这不啻是告子"性无善无不善也""性可以为善,可以为不善"之说:

> 性果无善无不善乎?性果可以为善可以为恶乎?能恶之物,已具于未发,而占了不义之性,则未发有二层,上有仁

---

　　[132]　朱子说:"'几者动之微',是欲动未动之间,便有善恶,便须就这处理会。若到发出处,更怎生奈何得!所以圣贤说慎独,便是要就几微处理会。"黎靖德编:《朱子语类》,第5册,卷76,页1949。

　　[133]　郭钟锡:《上寒洲先生》,《俛宇集》Ⅰ,卷10,页231c。

　　[134]　郭钟锡说:"性安有浊驳之性。性固一也,而兼指其气质而言之,则尧舜之性,清气粹质之性也;路人之性,浊气驳质之性也,其名不亦异乎?"郭钟锡:《答寒洲先生》,《俛宇集》Ⅰ,卷10,页236a—b。

义之性，而下有不仁不义之性乎？抑习成以后只有不义之

性乎？"习属已发，性属未发"，则已发者与性俱成矣。抑未

发元无时节，已发之心，常挟此而自随乎？⑬

李震相指出，由于郭钟锡以恶的根源——气质之性——具于未发之前，而为不义之性，则是否就有二层的"未发"？即在未发时，异质异层的本然之性与气质之性是否同时存有？还是依"习属已发，性属未发"，"已发者与性俱成"来看，未发既是不义之性，则"习与性成"之后，是否也只成就了不义之性？换言之，是否不论是未发还是已发，都只有气质之性一层？还是在这个论述下，根本没有"未发时"，只有已发之心以"未发"的名义自行其是？对此，李震相则进一步表示了他对"未发"的看法：

未发已发当论时分、地头，不当论工夫。有工夫者方有未

发，则无工夫者为无性乎？未发即性也，故尧舜同于路人。⑬

李震相认为"未发、已发"有两个意义，一是时间义（时分），一是体用义（地头）。就时间义来说，当心处于未发时，心可以关联到超越的性理，性理正是未发之中（大本）⑬。就此而言，从心的体用义来说，可谓"未发即性"，而由于在这意义下的"未发"并不杂气质，所以才能说明道德普遍主义。若如郭钟锡所主张的"有工夫者方有未发"，那么岂不意谓没有做工夫的人就不具备大本之性？对此，郭钟锡说：

未发定是时分，故亦可以言气质之性。若未发即性也，

则性中安有气质哉？既以未发谓之时分，而又谓未发即性

也，是以时分为体段也。未发即性也，则未发之中，果无气

---

⑬ 李震相：《答郭鸣远》，《寒洲集》Ⅰ，卷20，页448c。

⑬ 同前注，页448d。

⑬ 李震相说："'中'固天地间亭亭当当、直上直下之正理，然亦所以状理也。心具此'中'而已。然心之本体，即大本之中也。"李震相：《答郭鸣远疑问（《赞疑录》○庚午）》，《寒洲集》Ⅰ，卷19，页429b—c。

质矣乎？朱子曰："众人未发时，已汩乱了。"[133]又曰："未发时，块然与顽石相似。"[139]此与尧舜之未发，同乎异乎？"汩乱"者、"顽石"者，有工夫乎？无工夫乎？有工夫者，为清气粹质之性；无工夫者，为浊气驳质之性。变化之至，气极清质极粹，则所可指者，天理而已，不消言气质。（原注：如东岩所谓圣人分上，不必言气质之性。）故以是谓未发之极功耳。何曾曰"有工夫者，方有未发"之云耶？恐垂谴过当。[140]

郭钟锡认为所谓"未发"，一定是时间概念，所以才能在未发时谈论气质之性。他认为若未发是心之体用概念，则未发就等同于性（"未发即性"），那将只有未发之性，没有未发时的气质。而现在李震相一方面以未发为时间概念，一方面又以未发为性，则是"以时分为体段"，笔者以为这意谓以时间来划分体用，将之分隔为两个体段，即"未发时—性"是体，"已发时—情"是用。郭钟锡质疑的是主张"未发即性"，就意谓未发时没有气质；但是，朱子谈论一般人的"未发"，分明指其于未发时，会受到气质的重大影响（"汩乱""块然与顽石相似"），这与尧舜等圣人明显不同。众人的"未发"状态如此不清明，就是因为他们没从事工夫修养。郭钟锡认为，有工夫才能成就"清气粹质之性"；若无工夫，则只能养成"浊气驳质之性"。而从事工夫修养至极，就成为"气极清质极粹"、天理完具的圣人，到此境界，则是天理流行，不须论"气质之性"。据此，郭钟锡否认李震相以他的主张是"有工夫者，方有未发"的批判。由前文的分析看来，郭钟锡界定"未发"为"未发时"，并强调要在未发时可言"气质（之性）"，目的是要谈论工夫的落脚处在于未发时的气质之性上。

由于如前述，李震相主张"未发"有时间义与体用义[140]，因此他批评郭钟锡对"未发"的理解：

[133] 黎靖德编：《朱子语类》，第 6 册，卷 95，页 2415。
[139] 同前书，第 4 册，卷 62，页 1509。
[140] 郭钟锡：《答寒洲先生》，《俛宇集》Ⅰ，卷 10，页 236c—d。
[141] 笔者以为这是符合朱子学的。关于朱子学的"未发"概念，吴启超有扼要的归结，请参阅吴启超：《朱子的穷理工夫论》（台北：台大出版中心，2017），页 79。

> 未发是性底时分，故朱子注《中庸》曰："其未发则性也。"⑭何尝以时分为体段乎？"未发时已汨乱"，及"块然如顽石"，只以未接物时言之。今有一井水，被人搅淆之极，泥土塞其泉脉，则浊水停滞，仍成污池。虽不搅动，全无清处，才遇激触，浊浪横迸，此岂初出之水也。然泉脉在里，必有时辟坼出来。黑浊之中，便有一条清水。主泉脉而言，则未辟坼处是未发，以此言性则尧舜之于路人一也。⑭

李震相在这里说"未发"就是"性底时分"，并且说他不是"以时分为体段"，这似乎与他前说"未发已发当论时分、地头"、未发时有本然之性、已发时有气质之性的看法不同。笔者以为这或许跟他对郭钟锡"未发时"的理解有关，因为李震相认为依郭钟锡对于"未发时"的理解，只是"未接物时"，尚未触及心的"未发"（此未发关联于大本之性），也因此他并不认为他是以"未接物时/已接物时"来区分心的未发、已发。不过，若暂且不论这点，李震相在引文后段的说明还是清晰的，即性理终究是不受气质所限制的，它具有超越性，是性善论的根基，只有借由这样的"未发"概念，方能说明道德普遍主义。就此而言，针对郭钟锡的"未发时有气质之性"说，始终强调圣凡在气禀上的差异性，李震相说：

> 槁木、死灰之理，尚不异于生木、活火之理。浊气驳质之性，宁有异于清气粹质之性乎？……吾见其同，而未见其异。⑭

李震相举朱子"枯槁有性"说，认为连枯槁等无生之物，都具有跟其他活着的树木等有生之物相同的本然之性，更何况是浊气驳质之性的

---

⑭　朱熹：《四书章句集注》，页23。
⑭　李震相：《答郭鸣远别纸》，《寒洲集》Ⅰ，卷20，页454a—b。
⑭　同前注，页453d—454a。

凡人与具清气粹质之性的圣人？他们必定也都具有相同本然之性。这意味着从道德实践来说，"性"的超越性相较于气质的差异性是更重要的。

最后，郭钟锡在这场论辩常说"朱夫子……多有'未发前气质性'之说"，这似乎是个有问题的说法，甚至他在论辩后期，也仅能明确地举出《朱子语类》黄㽦（复斋，1150—1212）所录的一段话为证：

> 喜怒哀乐未发之时，只是浑然，所谓气质之性亦皆在其中。至于喜怒哀乐，却只是情。[145]

事实上，这段话也是韩元震主张"未发时有气质之性"所引以为据的文献[146]。无论如何，李震相表示他已经看过这段话，并认为这可能是《朱子语类》记录有误[147]。

（四）论辩尾声

李震相在论辩的尾声说：

> 惟未发前气质性之说，最是近里体认处。鄙人辛苦四十年，仅乃断定，自以为不泥昔贤之言，而颇得昔贤之意。……第念未发之中，吾之大本也。莫尊者天理，而气质拘蔽之；莫贵者己性，而事物挠荡之。适因外累之休歇，偶致方寸之虚静，本体呈露，气象甚好，是乃绝无仅有，难得易失之时分地头。今乃杂之以污秽之物，而俾不得还它洁净，贴之以邪恶之根，而俾不得保那纯粹，诚有大未安于心者。……鄙人老矣，无力向前，深望贤座留意于"尊性"焉。[148]

他认为"未发前气质性"之说，是最与道德实践密切相关的。他思考

---

⑭ 黎靖德编：《朱子语类》，第1册，卷4，页64。

⑭ 请参阅韩元震：《拟答李公举·附书气质五常辨后（丙申）》，《南塘集》Ⅰ，卷11，页264d—265a。有关韩元震跟李柬对于这段文献的相关讨论，请参阅吕政倚：《韩儒李柬与韩元震的"未发心体有无善恶"之辩》，页138—143。

⑭ 李震相：《答郭鸣远别纸》，《寒洲集》Ⅰ，卷20，页454d。

⑭ 同前注，页455b—c。

了四十年,才有了确切的看法。性理虽贵为未发之中,却也往往为气质、事物所遮蔽、阻碍和动摇。难得能有一未发、性理得以呈露的时节。现在的论者却主张此未发时节有气质之性,并视之为恶的根源之所在,这不免令人不安。他并希望郭钟锡能留意"尊性"之旨。不过,由于李震相在后来的书信中说了一句话,让郭钟锡以为李震相认可了"未发前有气质之性"的义理,他说:

> 仆亦何尝曰都无气质之性,特以未发时分,同之于圣人地位,而言其"不须言气质之性"而已。况存养工夫,只在性上。思虑未萌,何能及气质事哉![149]

依照李震相一贯的立场,他应该要说"仆亦何尝曰都无气质",他却说"仆亦何尝曰都无气质之性",这或许是笔误,却让郭钟锡以为得到了李震相的认同,他说:

> 气质之性,属蒙提示,不胜欣幸。其于未发之前,不谓之无,而但谓之"不须言",则其微意可以推矣。蚤知如是,则愚亦不至于冒触之觊缕也。[150]

但李震相随后回信则说他的意思其实是"'气质性,未发不须言'云云。鄙意则谓其政使有之,亦不须言。恐妨于存养之工也。"[151]李震相自然是主张"未发无气质之性",但笔者以为他这句话是退一步思考,即假使气质之性真存有于未发,则从工夫论来看,未发时也不须言气质之性。因为就道德实践而言,重点乃在于肯定作为超越的实践根据之性理,笔者以为这对主张理会活动的李震相更是如此,这也是李震相重视"尊性"之旨的缘故。

虽然李震相在理论上并没有直接说服郭钟锡,但这个从道德实践或工夫论的观点说未发时"不须言"气质之性的理由,却让郭钟

---

[149] 李震相:《答郭鸣远别纸》,《寒洲集》Ⅰ,卷20,页455d。
[150] 郭钟锡:《答寒洲先生(癸酉)》,《俛宇集》Ⅰ,卷10,页241c。
[151] 李震相:《答郭鸣远别纸》,《寒洲集》Ⅰ,卷20,页457c。

锡有所领悟,他在与同门的信中提到:"钟锡于'不须言'三字,深悟尊性之诀。"[152]并于晚年约 1899—1900 年间与同门的讨论中,提到有关"气质之性"的问题在他与李震相论辩后,他"参量体认于大本之真,勘核于先儒之旨,历多少辛苦,然后恍然若有见乎先师之不我欺也"[153]。此时的他已肯定李震相"未发时无气质之性"的主张,认为有关"未发时有气质之性"的论说,也只是"大概想象之言",还不如"专言本性于未发,勿污其纯善浑全之真,其性之杂于气质而不齐者,拈归在已发之后,以完其'不是在性中相对、各出'之旨诠,为公正而清快也"[154]。

四、结 论

我们要怎么评价李震相与郭钟锡在"未发时有无气质之性"上的论辩呢？以下笔者分两点说明。

（1）在韩元震跟李柬的论辩中,由于韩元震针对朱子学的内部义理提出了"气质之性何在？"的问题,并在思考后提出了气质之性当存有于未发时的答案,因此主张"未发时有气质之性",其在理论的目的上并不只在解释人存在的存有论结构,也扩及于人以外的"物"[155]。因此,李柬在论辩一开始就反对韩元震将朱子学中"未发/已发"与"本然之性/气质之性"结合谈论,其理由是"未发/已发"涉及工夫论领域,所以只能就人而言[156]。换言之,李柬并不在韩元震设定的框架中跟随着他思考。这个思考上的差异,导致韩元震觉得他每次向李柬追问"气质之性何在？"的问题,李柬"终无一言道破,只从影外透迤说

　　[152]　郭钟锡:《答许后山》,《俛宇集》Ⅰ,卷 10,页 341a。
　　[153]　郭钟锡:《答张舜华》,《俛宇集》Ⅱ,《韩国文集丛刊》,第 341 辑(首尔:民族文化推进会,2004—2005),卷 35,页 81b。
　　[154]　同前注,页 82d。
　　[155]　如前文所说,韩元震认为"未发时的气质之性",一方面可以作为人情感的善恶在存有论上的根据,一方面也可以作为人人、物物等万有先天资质禀赋的美恶在存有论上的根据。
　　[156]　请参阅吕政倚:《韩儒李柬与韩元震的"未发心体有无善恶"之辩》,页 112—116。

过,辗转向别处去"[157]。据笔者的研究,笔者认为:

> 相较于韩元震将气质之性视为存有学的概念,一再追
> 问"气质之性何在"?并主张气质之性当存有于未发时;李
> 柬则基本上将气质之性视为实践的概念,他关心的是:怎么
> 在气质的限制下体现本然之性,或如何体现"心"作为实践
> 主体的主宰性问题。[158]

回到李震相与郭钟锡在"未发时有无气质之性"上的论辩,他们两人
基本上都在韩元震将"未发/已发"与"本然之性/气质之性"相结合的
框架思考着"未发时有无气质之性"的问题,但又跟韩元震的理解不
尽相同。笔者将他们的差异绘表如下[159]:

心的状态 人名	未发(时)			已发(时)
韩元震	本然之性	气质	气质之性	情
李震相	本然之性		气质	气质之性(=气质所变之性=情、欲)
郭钟锡	本然之性		气质之性(=气质=气质所贮之性=习性)	气质之性(=气质所变之性)、情、欲

不过,相较于韩元震,他们对这问题思考与论辩的范围主要限定
在人身上,在这点上,他们更接近李柬。但是在理论上,李震相跟郭
钟锡,则分别与李柬、韩元震皆有可资对照之处。首先,是李震相与

---

　　[157]　请参阅韩元震:《拟答李公举·附未发五常辨(乙未冬)》,《南塘集》I,卷11,页257c—d。

　　[158]　见吕政倚:《韩儒李柬与韩元震的"未发心体有无善恶"之辩》,页145。

　　[159]　笔者按:表中有关韩元震"本然之性—气质—气质之性"系表示韩元震主张未发时理与气质不离不杂,就理气不杂,故可专指理,而谓之本然之性;就理气不离,故可兼指理气,而谓之气质之性(请参阅注42)。韩元震并没有像郭钟锡一样,混气质为气质之性。

150

李柬。这是由于一方面李震相在这个关于"未发"的论辩中，跟李柬所关怀的是同一个问题，即"怎么在气质的限制下体现本然之性"，一方面他也跟李柬都主张"未发时无气质之性"，未发时只有性理与气质；不过，相较于李柬虽然主张"理气同实、心性一致"，认为当心气处于未发状态时，就能充分地知觉并体现性理，却因为李柬主张"理"不活动，所以理的呈现便不具必然性，连带着当心处于未发时，心是否能充分地知觉并体现性理，在理论上也无法保证。李震相则较李柬更进一步，主张"理"能活动、"论心者，主理而不主气"，在这个基础上，李震相认为未发时，由于"气不用事"，理便会呈现，所谓"一理浑然，本体呈露，纯粹至善，乃其性之本然也"（见注 20）。这即是说，"理在心的活动中给出了作用"[60]。从这里看，则对于他跟李柬都关心的问题，即未发时"怎么在气质的限制下体现本然之性"的问题上，李震相更能提出有力说明。再者，是郭钟锡与韩元震。在本文的一开始，笔者就提到韩元震认为"未发时的气质之性"可以解释（1）人情感的善恶在存有论上的根据，以及（2）人人、物物等万有先天资质禀赋的美恶在存有论上的根据。郭钟锡则发挥此说，将"气质之性"进行了推演，认为有四类的气质之性：清气粹质之性、清气驳质之性、浊气粹质之性、浊气驳质之性（如郭钟锡所说，这四类还可以根据清浊的浅深、粹驳的轻重再做细分，如此其类将不止于千百），分别对应于四类情感或资质，他绘图如下[61]：

---

　　[60]　见杨祖汉：《郭俛宇的心论及其对朱子思想的理解》，《从当代儒学观点看韩国儒学的重要论争续编》，页 326。但要注意的是，李震相也在朱子学的架构下提出"心即理"说，"但虽如此，他不能够直接承认心的活动就是理的呈现，或心即是理本身的活动。"因此，依然不是陆王的"心即理"说（同上）。杨祖汉对于李震相的"心即理"说是否为心学形态曾做过分析，请参阅同上，页 314—318。从这里看来，匿名审查人的提问：是否因为李震相主张"心即理"，因此他之所以坚持要否定未发时有气质之性的存在，是因为他认为心既以理为本质，则在未发时没有气质的影响下，道德实践的动力就没有问题了？关于这个提问，李震相自己应当是这么想的。但是根据杨祖汉的研究，由于李震相依然不能承认心的活动就是理的呈现，因此笔者认为他依然会面临如同朱子主张"心是气"，而导致的工夫主观根据动力不足之问题。

　　[61]　关于此图，与文中的说明，请参阅郭钟锡：《答寒洲先生》，《俛宇集》Ⅰ，卷 10，页 234c—235a。

　　虽然这四类对应于气质之性的情感或资质，不是严格的论述，如清气粹质之性与浊气驳质之性都涉及较为明确的情感与资质，但清气驳质之性跟浊气粹质之性则似乎主要涉及资质或行动，至于其所发的情是什么情，则不具体。但无论如何，郭钟锡的推演，可视为韩元震之说的发挥。

　　（2）在韩元震跟李柬的论辩中，涉及了"未发"作为道德实践的根源是时间的根源，还是理性的根源之问题。在这个问题上，由于韩元震将"未发时的气质之性"也视为根源（即前文情感与资质禀赋的存有论根据），因此受到李柬的批判。李柬认为"未发/已发"不应该只是从接物或不接物的行动来做区分，这样的区分只涉及道德行动在时间上的根源，即以不接物之时为"未发（时）"，在这个理解下，如前文所述，一般人的"未发（时）"依然受到气质的影响（"汨乱""块然与顽石相似"等），此所以韩元震会主张"未发时有气质之性"，而李柬则认为在这意义下的"未发"，其实还是"已发"，他并认为道德行动另有理性的根源，即超越的性理（即李柬所谓的大本底"未发"）[102]。这

──────────

[102]　请参阅吕政倚：《韩儒李柬与韩元震的"未发心体有无善恶"之辩》，页141—142。

个问题也出现在李震相与郭钟锡的论辩之中,即前文"未发"是否要论"时分""地头"。在这问题上,郭钟锡主张"未发定是时分",即"未发"一定是时间概念,认为这样才"可以言气质之性",并谈论变化气质的工夫,他的理由如前述,因为众人与圣人在未发时心体的状态是千差万别的,只有通过工夫成为圣人,在未发时才不需论气质之性。郭钟锡的观点近似于韩元震。但李震相则跟李柬一样,认为郭钟锡所论的众人未发时心体的状态,是指其未接物时的状态,这并非真正的"未发",他认为"未发"既要论"时分"(时间义)也要论"地头"(体用义)。就时间义来说,当心处于未发时,心可以关联到超越的性理,性理正是未发之中(大本),而这从心的体用义来说,性可谓是真正的"未发",是道德行动与工夫论真正的根源。笔者以为,这也是李震相对郭钟锡强调要留意"尊性"之旨的缘故。

诠释学参照下的工夫论建构

邓康宏*

内容提要：本文探讨诠释学在建构当代中国哲学工夫论中的作用，并分析诠释学如何丰富和深化对工夫论的理解。首先，本文通过对工夫论的问题化，详细分析了"工夫"与"工夫论述"、实践导向的"工夫论述"与哲学导向的"工夫论"之间的区别，进而探讨工夫论的不同层次和内部逻辑。接着，本文考察了诠释学在工夫论中的应用，特别是在伦理主体的方法学、存有论、理论与实践的关系以及语言修辞等方面的影响。本文旨在通过诠释学的参照，提出一种综合的新视角来重新审视和发展当代中国哲学的工夫论，为未来的研究提供理论基础和实践指引。

关键词：工夫论，诠释学，中国哲学，伦理主体，存有论，理论与实践，语言修辞

一、前　言

本文探讨诠释学在什么范围和程度上有助于建构当代中国哲学的工夫论，并落实当中的实践关怀。这种探讨是出于对当代中国哲学工夫论的思想史批判，把"工夫论"本身作为批判对象意味着其"问题化"（problematization）——暂时退后一步将其悬搁，不视之为理所当然的概念和事实，以一种怀疑的敏锐触觉重新审视、分析其"为何出现""如何构成"，从而对问题中的对象有更深刻的理解，甚至引出另类的想象，以资当下的运用①。自 20 世纪末以来，随着"经典诠释"的研究思潮兴起，学人在审视传统对经典的"诠释"以及对诠释活动

---

* "中研院"中国文哲研究所博士后研究学者。（电邮：socratestang@ hotmail.com）

① 本文"问题化"的方法意识主要得益于傅柯，参看：Leonard Lawlor and John Nale, eds., *The Cambridge Foucault Lexicon* (New York：Cambridge University Press, 2014), pp. 399–403.

本身的"诠释学"省思之际,大都注意到经典诠释当中的"工夫"和"工夫论"的面向。若把关注的焦点从"经典诠释"转移到"工夫论"本身,则可以问,工夫和工夫论中的诠释和诠释学面向如何?透过西方诠释学的参照面、或以诠释学的问题意识切入,是否能丰富乃至于深化吾人对传统工夫论的理解,或有助于发展当代中国哲学的"工夫论"?本文的旨趣在于省思上面提出的问题,基本任务为厘清工夫论和诠释学的可能关系,并初步回答诠释学在什么范围和程度上有助建构当代中国哲学的工夫论。

二、工夫论的问题化

为了厘清工夫论和诠释学的可能关系,阐明工夫和工夫论中的诠释和诠释学面向,必先仔细地审视所讨论的对象。本节的工作是打开"工夫论"本身作为问题的范围:何谓工夫论?工夫论"是"什么(在历史当中实际上是怎样的)?工夫论"应该是"怎样的?"为何"有工夫论?这部分工作实际上相当复杂,完全可以独立为专题探讨。为免失焦,本节将引用笔者博士论文的初步成果作为预备讨论,尽量精简以资后文讨论为足[②]。下文尝试从"工夫"与"工夫论述"、"工夫论述"与"工夫论"这两对概念区分带出工夫论的一些特质。

(一)"工夫"与"工夫论述"

先从比较宽泛的、常识的观点出发。现代汉语里的"工夫"和"功夫"的意义相通,大约有四:做事所花的时间和精力;功力、本领、造诣;工程夫役;空闲。凡人努力所及之处都可以说"工夫",实用的生活技能、艺术活动皆然,而本文所关注的范围只是广义的道德实践,借唐君毅对以行为主的学问分类来说,即相当于人"自己自觉的规定其自己之如何行为,以达一为人之目标之学"[③]的范围。换言之,本文所谓的"工夫"也可以说与"(道德)实践"相当,也就是以实现为人的

---

② 参看邓康宏:《当代中国哲学的工夫论:思辨与实践的张力》(香港:香港中文大学,2022)。

③ 唐君毅:《哲学概论(上)》,《唐君毅全集》(北京:九州出版社,2016),第 23 卷,页7—8。

理想目标而自觉地规定自己的行为。

字典对"工夫"的界定并不错，只是如果想充分打开此概念在汉语传统中的丰富意义，还需追溯其源流与发展。倪培民追溯"工夫"一词的最早记载出于魏晋时期，如《魏书》用"工夫"指谓工程和夫役④；然而相对于后来佛教和理学所盛言的工夫概念而言，更值得注意的是初期佛教译经的线索⑤。《佛说无量清净平等觉经》首次在身心修行的实践脉络说"为之不谛，亡其功夫，败悔在后"，衡之于上下文，其义专指"安定""洁净""与善相应"的状态，系修行者持续端正"身"（行为）、"心"（欲念）累积所成的"功效""功果"，体现为可进可退的修行位阶⑥。早期佛教的概念使用中，最有代表性的莫过于天台智顗在《释禅波罗蜜次第法门》中的整理和解释，"禅"（梵语：ध्यान，dhyāna；巴利语：झान，jhāna）有"功德丛林"一译，"功是功夫，所以对因，积功成德可以对果，如万行对因，万德对果，因果合翻"，"功德丛林通对因果，于义则便"⑦。由此可见，工夫概念在汉传佛教早期已兼具"功德"（果）、"功用"（因）两义。当然，佛徒之所以能够如此运用，还有赖于"工"的汉字原有的丰富意涵：本义为工具，继而引申出"规矩法度""事任职能""功绩"诸义⑧。自初期佛教在修行的脉络言工夫，工夫概念的内涵大抵未有太大的变化，盛论"工夫"的禅宗、道教和宋明理学也大体如是，只是在具体脉络中的指涉不同。

由于工夫概念的内涵在中国传统思想中非常丰富，现今作为一个哲学概念来界定，有必要厘清当中不同层次的意义和内部逻辑。现今学界的整理当中，最值得留意的莫过于倪培民提出的四维说，以"功夫"代替"工夫"作为其概念簇的总称，统摄"工夫"（时间、人力、践行）、"功力"（能力、工夫本体、相关知识）、"功法"（方法、风格）、

---

④ 倪培民：《将"功夫"引入哲学》，《南京大学学报》2011 年第 6 期，页 89。

⑤ 相关研究方向的先例，可参考林永胜：《功夫试探——以初期佛教译经为线索》，《台大佛学研究》第 21 期（2011 年 6 月），页 1—34。另，笔者博士论文《当代中国哲学的工夫论：思辨与实践的张力》第贰章里也有相关讨论。

⑥ 《佛说无量清净平等觉经》，卷 4，CBETA 2022.Q1，T12，no. 361，p. 297c17 - 18。引自中华电子佛典协会网页：www.cbeta.org／。

⑦ 智顗：《释禅波罗蜜次第法门》，卷 1，CBETA 2022.Q1，T46，no. 1916，p. 477c11 - 27。

⑧ 参看香港中文大学人文电算中心汉语多功能字库，"工"字条目：humanum. arts. cuhk.edu.hk/Lexis/lexi-mf/search.php? word＝工。

"功效"（效用）四层意义⑨。笔者大体认同其整理能够囊括传统工夫概念的意义，惟总称上倾向沿袭传统较广义的"工夫"名目，理由有二。一者"功夫"在现代流行文化中容易引人联想到影视中的武术（martial art），固然能收引介的效果，然而当代中国哲学的工夫讨论集中在广义的道德脉络，继续沿袭学界惯习的"工夫"在表意上或更为直观。更重要的是，从字源和概念史的角度，虽然"工夫"与"功夫"常交替使用，但"工夫"的时间义更根本，乃其本意，继而引申其他诸义，通对因果乃至其方法（方法作为所以可能的条件亦可视为因）。

单单从工夫概念的内涵已可以预见围绕着工夫产生的讨论可能有的不同层次，现在转看"工夫论述"的概念。显然，"工夫"和"工夫论述"的根本性质有很大区别，"工夫"作为实践的过程、方法、结果而言，表面上都不必然和语言活动有关系，最少不一定透过外显的语言活动来进行；相对地，"工夫论述"本质上却必然是语言活动，是按其"工夫"的主题组织、安排的语言活动，包括讲述、记述、复述等一系列的事件。当然，两者的根本差别并不妨碍其可能的重叠范围，即工夫当中可能包括论述的部分，工夫论述本身可以是、也可以不是工夫的一环。

工夫论述作为"论述事件"可以从两种不同的观察角度分析，以"论述"（discourse）观之，关注的是语言文字内部的逻辑，着重语言文字介入的作用，说什么或不说什么（论述内容）、怎样说（表达手法）。以"事件"（event）观之，关注的是整个语言活动的历史性，着重事与事间的交互关系、发生上的独特性，谁在说、对谁说、有何效用。以这两种观察角度分析工夫论述的历史发展，便可以提纲挈领地把握中国"工夫论述"的特质，继而引出一些关键的问题。

（二）"工夫论述"与"工夫论"

本文刻意区分开"工夫论述"与"工夫论"，用意为凸显两段时期的工夫论述事件的不同，前者主要指传统实践导向的工夫论述，后者则指 20 世纪以降，当代学术中"中国哲学"里"以哲学的问题意识组织安排的关于工夫的反省性论述"。从范围上说，两者的区分在于，

---

⑨ 倪培民：《儒家功夫哲学论》（北京：商务印书馆，2022），页 36—39。

"工夫论述"是较宽泛的说法，当中可以包括工夫的哲学论述，但却不限于哲学，也可以是宗教的、艺术的、历史的等等；"工夫论"是狭义的说法，单指工夫的哲学论述。事实上，"工夫论"这个概念本身要到 20世纪中后半段才出现，唐君毅的《中国哲学原论》或者是最早的文本出处，《原性篇》（1968）附篇《原德性工夫》从工夫问题论朱陆异同，中、下篇径以"朱子之工夫论辨析"与"朱陆工夫论之会通"为目。当然，概念名目的晚出不妨碍所指涉的事实早已存在，20 世纪的中国学人从一开始便自觉地要"哲学"地整理、重构传统工夫论述的哲学意涵；同样地，先秦时期不见"工夫"的概念使用也不妨碍诸子讨论"为政""为学""为己""修身""治气养心"的工夫之事实，因此在后设的层面，没有人会质疑孔、孟、老、庄已经开始有"工夫论述"，甚至是"工夫论"。

　　"工夫论述"与"工夫论"的概念区分重点不在重新定义两个概念，而在标示从传统到当代的差异，更关键是带出转型所面对的问题。从传统的工夫论述到当代中国哲学的工夫论，此中的发展具连续性，却出现了一定程度的窄化，理论思辨和实践之间出现前所未有的张力。如何缓解此张力，让思辨引归实践，成为了一大疑难。从思想史的角度看，"工夫论"的概念本身是当代中国哲学的产物，但所指涉的当然也包括古代的工夫论述（即使古代没有使用这个名目），传统的工夫论述本来就有哲学反思的层次。只是，传统的工夫论述是隶属（subordinate）在实践之下的，当代中国哲学的工夫论作为严格的学术讨论却具有相对的独立性，与此同时，学者在建构哲学论述时对其实践的关怀仍念兹在兹。为了清晰地标识工夫论述从传统到当代的差异，可以进一步把传统的"工夫论述"标签为"工夫实践论述"，当代中国哲学的"工夫论"相对地称作"工夫哲学论述"。两者都有理论思辨与实践的元素，差别在于思辨是否具有独立性⑩。扼要言之，"工夫论述"与"工夫论"的区分标准有三项：时代远近、范围广狭、思辨与实践的张力大小。往下试从"效用目的""论述者""论述内容""论

---

⑩　特此感谢审查人的评审意见，提议用"工夫实践论述"与"工夫哲学论述"的区分更仔细地标识"工夫论述"与"工夫论"的差异。笔者有考虑直接替换掉原来的区分，但原来的区分也有简洁的好处，若区分原则说明充分，仍可避免不必要的混淆。

述手法"几点,分析比较工夫论述的古今异同。

1. 效用目的

自论述的效用目的观之,传统的工夫论述大体上皆以受用为归,当代哲学的工夫论的直接目的却是单纯的学问讲明,即使部分学人仍坚持传统的为学精神,以实践为初心和最终目的,却都承认现代学制下知识活动有相对独立的位置。借《碧岩录》圜悟克勤对龙牙公案的一段评唱的话来形容传统的工夫论述,所谓"言不虚设,机不乱发,出在做工夫处"⑪,古代的工夫话语乃出于做工夫的需要,对应做工夫的处境而发;相对地,注解、评论工夫的活动只要稍稍偏离或不完全相应于具体的实践目的,便会被诟病为"多学言句""闲议论""学不见道"。当代学人从事问学活动,纵使以实践、证会为最终目的,却必也在为学过程的一段充分肯定理论讲明的价值,例如熊十力一面肯定"证会,才是学问的极诣",同时也赞美"思议之能事,是不可胜言的","我并不曾主张废绝思议","不过思议的效用,不能无限的扩大","证会是要曾经用过思议的工夫,渐渐引归此路"⑫。现代西方学术精神崇尚"理论的"(theoretical)的治学态度,中国学术在这样的背景下遂亦主动地接纳之。于是,关于工夫的学问讲明便有完全脱离实践的可能,而成为单纯的理论活动,是以缓解思辨与实践的张力便成为了当代中国哲学工夫论突出的疑难。

2. 论述者

自论述者的身份观之,传统论工夫者是修道者、学者,当代论工夫者则多一重"学者"(scholar)的身份,思辨与实践的张力也体现在论述者自身多重身份之间的张力。传统论述工夫者可以说都是"修道的共同体",佛教、道教的修道团体故不成疑,儒家中的道学群体也有共同的修行目标(复性)、奉持的经典、有组织的修行活动,甚至共同的言、行、衣着风格⑬。修道共同体自是以修道为本怀,论述工夫是

---

⑪ 圜悟克勤:《碧岩录》,CBETA 2022.Q1, T48, no. 2003, p. 160c11—26。

⑫ 熊十力:《新唯识论》(语体文本),《熊十力全集》(湖北:湖北教育出版社,2001),第 3 卷,页 146—147。

⑬ 参考陈立胜:《入圣之机:王阳明致良知工夫论研究》(北京:生活·读书·新知三联书店,2019),页 56—58。

工夫实践的一环，学问讲明全为了工夫实践而服务。在当代中国哲学的脉络论述工夫者，其身份却多为从事学术活动的哲学学者，以客观的理解态度讲论工夫成其任务，当哲学活动跟从其学科规范进行时，工夫修养、人生境界这些实践部分可以说是无关的[14]。哲学学者身份与修道者的身份两者虽没有必然的冲突，学者尽可因应其身份暂时自限于纯粹的理论研究，却不妨碍其具体整全的生活中学思并进；然而也不得不承认学者身份本身有知行割裂的可能。

3. 论述内容

传统工夫论述大致上可理解为修行群体自我确认、传授、反省、批判修行方式的讨论和记录，所论主题主要关于（却也不限于）工夫的：（一）"本末"者，所以可能的根据、下手处，和具体节目，并对应与"本"的关系区分出正因和助缘、第一义和第二义的工夫；（二）"先后"，不同工夫的先后次序；（三）"是非优劣"，"是非"考虑工夫主张的合理性和有效性，"优劣"则评价效力高低，同为合理有效的工夫仍可分判高下；（四）个人工夫体验和传统经论的关系；（五）思辨与实践的关系。

当代中国哲学工夫论的内容固然仍是承接传统所讨论的主题，只是必须以"哲学"的方式系统化地重构，而什么是"哲学方法"，用什么"哲学问题"来组织，则端看学人自身的哲学观。必须承认"哲学"（philosophy）此学科乃西方的产物，学人即使认为中国传统也有哲学，却不可能完全丢弃西方哲学的参照以见其普遍性，否则便不能以"哲学"名之。在中国学人学习西方哲学之初，接触的主要是现代西方哲学知识论转向主导的哲学观，传统工夫论述一时难以找到完全相应的参照点；随着消化日深、接触面日广，在几代人的努力下才形成当今的工夫论观。笔者以两条线索概括20世纪的工夫论观发展：工夫论里面最首要的是伦理主体的修养与理论实践问题，其次是由主体的工夫修养连带引出的存在意义的存有论问题。下面仅举理论形态较成熟、表达较斩截的两位学人的观点以为示例。

---

[14] 参考郑宗义：《中国近现代思想中的哲学》，收入沙培德、张哲嘉编：《近代中国新知识的建构》（台北："中研院"，2013），页96—98。

牟宗三对工夫论的界定,主要落在宋明理学的脉络底下演绎。在《心体与性体》的综论部分,牟先生将"工夫问题"隶属于"由成德之教而来的道德底哲学",所讨论的是"实践之下手问题,此即工夫入路问题是也","是道德实践所以可能之主观根据"[15]。牟先生参照康德的道德哲学,透过比较凸显宋明理学的义理系统的殊胜之处,把"纯粹实践理性底方法学"等同于"工夫论",探究主观的心灵如何能唯理是从——那些主观条件的配合而构成的方法、模式是怎样的,案曰:"如此界定的方法学即儒者所谓工夫论"[16];而康德的方法学主张与宋明儒的工夫论主张之所以有答案的差异,根本在于两者对道德实践所以可能的成素分析有差,"工夫随成素的分析而来。分析方面有不同,工夫方面亦异"[17]。复次,由于事物的意义依于主体修养的"观看"或"知见"而定,主体的境界又取决于工夫修养,则主体修养的方法条件连带地关联到事物意义的构成,此所以中国儒释道同时肯定主体性和实践的形上学之中,工夫论又具存有论的面向[18]。

劳思光视工夫问题主要是"自我境界转化"的实践问题,并以"意志纯化"为核心内容。劳先生认为一般的道德哲学理论应该笼罩三个层面:一是"道德理论"层面,"主要涉及的是(道德的)知识系统";二是"道德境界"的层面,"主要是涉及的是内在意志的锻炼和转化";三是"道德教育"的层面,"主要是涉及社会风气和个人生活态度"[19];又说:

> 儒学其实一向将意志的纯化看成为学的主要目的;换句话说,就是特别重视道德境界问题。从孔孟到宋明诸儒,这一点可说是不变的通义。在原始教义中,与意志纯化问题相应的是"仁"的观念。后世发展的结果,就生出一个特

---

[15] 牟宗三:《心体与性体》(台北:正中书局,2006),第1册,页8。

[16] 牟宗三译注:《康德的道德哲学》,《牟宗三全集》(台北:联经,2003),第15册,页477。

[17] 同前注,页494—495。

[18] 参看牟宗三:《中国哲学十九讲》(台北:台湾学生书局,1983),页94,129—130。

[19] 劳思光:《从"普遍性"与"特殊性"探究儒家道德哲学之要旨》,《思辩录——思光近作集》(台北:东大图书股份有限公司,1996),页40。

殊部门——即是"工夫论"。⑳

和牟先生不同,劳先生主张工夫论应与形上学严格分开,理由是意志纯化的完成不需要依靠一套难以完成的宇宙论及形上学,故不必受其理论困难连累;其二,工夫论完全是"意志""实践能力"的事,宇宙论、形上学则关乎"智性",两种能力界域不同,"虽然二者之间有种种关联,决不可混而为一"㉑。因此,工夫论在劳先生的处理中主要还是伦理主体的实践理论,一面是成己,一面是达人、成物,终有此说:

> 儒学基本上想做两方面的工作:一是自我成为什么,由如此境界的自我转换成另一种境界的自我,也就是自我转化(self-transformation),这就是成德之学;二是社会要成为什么,这就是"教"的问题,要讲"立教"。孔子一方面"学而不厌",另一方面"诲人不倦"。他不仅要转化自己,同时还要转化别人、转化社会。这些东西合起来,用传统字眼来讲就是宋明儒的工夫论问题。㉒

4. 论述手法

论述手法着眼的不是论述的内容,而是表达的方式、策略,使用什么语言、说话的次序都属手法问题。论述手法和论述者的目的、受众的处境等因素息息相关。笔者尝试以功能目的为判准区分传统工夫论述的三种论述策略,分别为"描述说明""化导取效""反省批判"。"描述说明"的手法,目的在于传递实践的知识,以概念分解的方式直接说明如何做工夫,如禅师开坛公开讲授禅修方法、理学群体解释为学工夫具体如何做,例子不胜枚举。"化导取效"的手法,目的不在于传递知识,而在透过言说变化、引导对方。化导策略所使用的

---

⑳　劳思光:《从"普遍性"与"特殊性"探究儒家道德哲学之要旨》,《思辩录——思光近作集》,页46。

㉑　同前注,页42—43。

㉒　劳思光:《从唐君毅中国哲学的取向看中国哲学的未来》,收入郑宗义编:《中国哲学研究之新方向》(香港:香港中文大学新亚书院,2014),页6。

工夫语相当灵活,不限于特定的语言规则,可以是分解的,也可以是非分解的,各种诗化的语言、吊诡的语言甚至身体语言也是常见。传统工夫论述中使用化导语言最有代表性的,莫过于禅宗以下精彩的风格,如沩仰宗采用"圆相"(又有"暗机""义海""默论")的符号教导禅法,云门宗的"出奇言句",法眼宗着重"因缘时节"以"对病施药",临济宗"棒喝交弛"的激烈手段,诸如此类㉓。"反省批判"相对于前两类的论述手法来说是后设的、第二序的反省,其功能目的在于解释、检讨、评价第一序的话语,主要使用(但不限于)分析性的语言,有(或隐含)推论的结构。仍用禅宗为例,那些颂古、评唱里面往往有大量的思辨反省元素,如圜悟克勤的《碧岩录》、晦岩智昭的《人天眼目》等等。当论述的主题涉及工夫的是非优劣判断时,反省批判更是主要的路数策略,北南禅的辩论、王门后学于致良知教的分歧都是典型例子。

相对于传统,当代中国哲学的工夫论述手法显然收缩在反省批判的层面,过往的工夫话语若要重新组织成哲学论述,必先经过"哲学"的学院规范的过滤网。且以冯友兰的思考为例,冯先生在考虑中国传统哪些学问可以"哲学"名之的时候,不仅从内容(参照西方哲学范畴的分类)看,也从方法(获得知识的规则、程序)上看,只有符合"哲学方法"的才称得上"哲学",谓:"科学方法,即使哲学方法,与吾人普通思想之方法,亦尽有程度上的差异,无种类的差异";"无论科学、哲学,皆系写出或说出之道理,皆必以严刻的理智态度表出之";"各种学说之目的,皆不在叙述经验,而在成立道理,故其方法必为逻辑的、科学的"㉔。这种观点下,"哲学"等同于"哲学理论",不是什么生活形态或经验的展示,而是用语言文字表述的理论,而且须要以"理智态度"表达,必以逻辑的、科学的论证证明其理论。虽然几乎时隔百年,中国学人的"哲学观"屡有不同,但使用分析性的语言、以逻辑推论成立道理的学术规范仍是学界普遍的共识,传统丰富的工夫语固然也纳入工夫论的讨论里面,却必也重新解释成理论语言来表述,或者是成

㉓　参考杨惠南:《五家七宗之禅法初探》,《禅史与禅思》(台北:东大图书公司,1995),页 119—160。
㉔　冯友兰:《中国哲学史》,《三松堂全集》(郑州:河南人民出版社,1985),第 2 卷,页 7。

为被反省、解释的对象来讨论。因此，说当代哲学的工夫论述手法相对地单一，其他修辞手法相对地被忽略，此判断应没有太大争议。

三、诠释学与工夫论的关联

西方的诠释学有漫长的历史，其广泛地进入汉语文化为学人所消化却是近数十年间的事，自 20 世纪 70—80 年代开始于台湾、中国大陆、香港等地渐渐形成研究思潮㉕。中国传统思想中虽然没有发展出与西方诠释学相当的系统理论，却有着注解经典的丰厚传统，借鉴西方诠释学的发展与成果来重新审视中国乃至整个东亚的经典解释传统，便成为晚近中国哲学研究的一个重要方向㉖。从学术思想的历史发生过程来看，诠释学和工夫论的关联发生在"经典诠释"的研究思潮当中，学人在探讨中国经典解释传统的过程中，留意到过往的经典解释活动有着工夫实践的面向，例如朱子的解经活动本身就是一种修养工夫，郑宗义、陈立胜、林维杰等学者皆有讨论及此，胜义迭出㉗。朱子的经典诠释观固然是很典型的例子，在一定程度上也足以代表宋明理学家的共法。除此之外，黄俊杰的《孟学思想史论》更早地已经透过《孟子》的诠释史归纳得出"生命诠释学"作为"中国诠释学"的一种主要的类型——透过个人的生命体验来解读经典，使注解经典成为一种具有实存意义（existential meaning）的活动，为学与做人打成一片㉘。

㉕　参考景海峰、赵东明合著：《诠释学与儒家思想》（上海：东方出版中心，2015），页 5—8，"诠释学的传播"。

㉖　参考林维杰：《朱熹与经典诠释》（台北：台湾大学出版中心，2008），导言检讨"经典诠释"的学界成果部分，页 v—xix；景海峰：《诠释学与儒家思想》，页 8—14，导言第四节"诠释学在中国的创造性发展"。

㉗　参看郑宗义：《论朱子对经典诠释的看法》，收入钟彩钧编：《朱子学的开展——学术篇》（台北：汉学研究中心，2002），页 95—129；陈立胜：《朱子读书法：诠释与诠释之外》，收入李明辉编：《儒家经典诠释方法》（台北：喜马拉雅基金会，2003），页 207—234；林维杰：《朱熹经典诠释中的工夫论》，《中国文哲研究通讯》第 66 期（2007 年 6 月），页 241—258。

㉘　相关论点主要参考黄俊杰：《结论：兼论中国诠释学的特质》，《孟学思想史论（卷二）》（台北："中研院"文哲所，1997），页 470—482。概念用语的调整参考黄俊杰：《孟学思想史论（卷三上下）》（台北："中研院"文哲所，2022）。

以上所举的例子都有一种共同的关心和倾向,研究的焦点主要是落在经典的诠释活动以及先贤对诠释活动的省察上面,工夫和工夫论只是作为经典诠释的其中一个面向或特征而受到关注。这类研究的成果不仅启发了本文的思考,也是必须继续参考的资源,但必须特别说明一点,同样涉及诠释学与工夫论的关系,本文的研究焦点却是放在工夫论上面,诠释活动与诠释学反而是工夫论的某个面向。这种焦点的转移意味着问题意识的差异,笔者关心的始终是当代中国哲学工夫论的建构问题,诠释学的参照如何能够丰富、深化吾人对工夫论的理解,或进一步发展工夫论?接续着上一节对传统工夫论述以及当代哲学的工夫论的问题化分析,现在便可以正式讨论诠释学与工夫论的可能关联,以划定两者可能重叠的范围。

(一)工夫与诠释

从表面上看,工夫与诠释的性质迥异,不容易直接看到其重叠之处。"诠释"必然是相应于一定的"文本"(text)进行的"解释"(interpretation)活动,而任何的解释同时都已经是"理解"(understanding),而理解又总是要把所理解的文本"应用"(application)到诠释者的当下处境。解释、理解与应用三者的内在统一是伽达默尔哲学诠释学的基本论点,从事中国经典诠释省察的学人大抵皆同意并应用此观点㉙。如前文解释,"工夫"的范围相当广泛,即使收缩到广义的"道德实践"(或称"德性工夫"),所谓"以实现为人的理想目标而自觉地规定自己的行为"仍然能够指涉相当多的行为。此处便可以问:"有没有工夫是诠释活动呢?"很显然,传统工夫论述中有些德性工夫是诠释的,例如宋明理学家的读书解经工夫"本身"同时是致知工夫,是一种谋求达至自身转化的践履,这种诠释隶属道德实践;又或者在道德实践的要求下"间接"延伸到对经典的诠释,则那些以认知为直接目的的工夫,最后又间接地属于道德实践的一环。此间仔细的分别,端看每位修道者如何处理工夫与诠释之间的张力。值得注意的是,即使某些诠释的工夫表面上并非在解释经典,但其所使用的概念语言仍大部分

㉙ 参考郑宗义:《论朱子对经典诠释的看法》,页 102;林维杰:《朱熹与经典诠释》,页 272—273。

源自经典（并预设了一定的理解），或其工夫论述传统（如对某些话头、口诀、符号的解释㉚），在这个特殊意义下，许多工夫都涉及解释、理解和应用。

由此观之，首先可以肯定"有些工夫是诠释的"，而排除"没有工夫是诠释的"的可能。那么，有没有"所有工夫都是诠释的"的可能？这视乎论者对"文本""工夫"的理解有多宽泛。在西方诠释学的发展中，文本的意义一直在扩大，由《圣经》到一般的文本，再由一般的文本扩展到整个存在域，所有事物皆是意义的存在，皆在存在者的理解中显露其存在的意义。由此规定，则人为了成就理想人生的目标而自觉地筹划、努力当然可以被理解为一种文本。另一边厢，中国传统固然是直接以工夫观工夫，工夫乃德性生命的实践，而不是如某些西方哲学家那般，从意义问题切入人对自身的筹划与努力，此乃尊重思想史实况的基本分际；但纯自义理上说，德性工夫也可以说是一切性命之学里面体会"心性"的主观条件；自客观面说，工夫是本体的显露（disclosure），自主观面说，工夫是对本体的"印证"（verification），而这种体证本身难道不是意义的理解吗？工夫在成熟的心性之学里面，本体、道体的内容（意义）从来都是透过工夫来形著的。因此，从最宽泛的意义来说，"似乎也可以说道德实践本身就是人对自己的理解和反思的活动"㉛，即使中国传统实际上未有如此说，但也是义蕴上的合理延伸。

上述之说只在提出"所有工夫都是诠释的"的可能，若果真要充分证立此论点，绝非本文所能承担，此中最关键的一个问题是"工夫"或"工夫体验"的语言性格，如果某些工夫不具语言性，或是"超语言"的，则这些工夫便不是诠释的。学者们对传统思想的"诠释学转向"有不同的见解和疑虑，例如林维杰从"主体实践"到"主体实践的理论"乃至"主体实践理论的实践"的角度（下文会再论及），认为这种"理论和实践是合一的"实践转为"对相关经典内容的诠解与应用"已

㉚　参看杨儒宾：《一阳来复——〈易经·复卦〉与理学家对先天气的追求》，收入杨儒宾、祝平次编：《儒学的气论与工夫论》（台北：台大出版中心，2005），页103—160。

㉛　参看郑宗义：《论朱子对经典诠释的看法》，页106。

经"是一种从伦理学到人文学、诠释学的转向"㉜。从这种观点考虑，只要是"经典内容的诠解与应用"的范围内的主体实践都具有语言的性格，当然林维杰并没有提及或排除主体实践有超过经典内容的诠解与应用的部分。又例如郑宗义认为"儒学传统显然未经历现代所谓的'语言学转向'（linguistic-turn）的洗礼。传统儒学对语言的看法大抵未脱离古人'言不尽意'的藩篱；把语言仅当作一传意的工具。故此就算像朱子那样看重读书解经，但仍必严分言教（达至体会的工具）和体会为两事"；相较之下，如伽达默尔的哲学诠释学则继承自洪堡特下来"语言观即世界观"的观点，语言和理解有着密不可分的关系㉝。由此观之，最少在儒家传统的工夫论述里面，不是所有的工夫体验都必然具有语言性，即使是当代中国哲学的研究者大抵都应该仍然会肯定"工夫具有超言意的向度"，而这种超言意、超历史的工夫体验甚至可能是最关键的。当然，纯自义理上说，这些所谓超言意的向度仍不能离开言意达至，两者之间的微妙关系，古人（特别是佛徒）也已经有留意。

是否"所有工夫都是诠释的"问题需要另文探讨，与其轻率地暂取一个立场，本文宁愿暂时倾向比较保守的态度：至少可以肯定大部分工夫的范围仍是诠释可以覆盖的，"顿""不可说"的向度或者是最重要的，却不是"工夫"的全部，毕竟"工夫"本身主要是一个时间性、历史性的概念，大部分工夫仍是落在后天范围，具有语言性。把能够说的都说尽了，"不可说"的自然如烘云托月般呈现出来。因此，这就意味着并非所有的工夫本质上都是诠释的，而具有遮蔽（幽）与显露（明）两个向度。扣紧本文题旨而言，工夫与诠释的关系虽然相关，但更重要的是工夫论与诠释学的关系。

（二）工夫论与诠释学

承上一节所言，"工夫"并不等于"工夫论"，工夫是道德实践本身，而工夫"论"则是关于工夫主题的论述，是对工夫的解释、引导、后设的反省批判，"工夫论"作为"工夫"与"论述"这两面都具有语言性

㉜ 林维杰：《朱熹与经典诠释》，页 267—268。
㉝ 郑宗义：《论朱子对经典诠释的看法》，页 107。

格,必须透过语言中介进行。同样地,"诠释"也不等于"诠释学",诠释学是对诠释活动的省察的后设理论。因此,在讨论过工夫论和诠释学的"对象"(工夫与诠释)之间的关系后,还要正式讨论"工夫论与诠释学"本身的关系。

先从最显而易见之处下手。既然工夫论是对工夫的解释,则工夫论本身就是理解的活动,因此从后设理论的层面,所有工夫论都是诠释学反省的可能对象,诠释学作为后设的意义理论完全可以作为"方法论"批判工夫论的全部范围。承上论,即使并非所有工夫都具有诠释的向度,但一旦落入语言、论说之中,便落入诠释学省察的范围。就如劳思光所评价,诠释学"确实可以唤起一个有关中国哲学研究的新意念,这就是:这种解释学提供了一种哲学史的'后设理论'(meta-theory),使哲学史研究可以与哲学研究重新结合起来"[34]。当吾人对过往的工夫论述作哲学史的清理时,诠释学固然可以作为后设理论检视工夫问题的历史发展与内在逻辑;更重要的是,在诠释学理解即应用的观点下,这种哲学史研究同时就涉及当下的应用,对工夫论述的哲学史解释,同时就是诠释者把理解的文本应用到当下的处境中。

上述只是从"后设"的层面说"所有工夫论都可以做诠释学的反省",接下来便要审视在"原来"的层面,工夫论与诠释学有何关联,这便要回到"工夫论述本身"所处理的哲学问题上考虑是否有诠释学的面向,或者说与诠释学处理的哲学问题相关。对应上一节工夫论述的问题化分析,这里分四个议题阐述工夫论与诠释学的可能关系:伦理主体的方法学、存有论、理论与实践的关系、语言修辞。

1. 伦理主体的方法学

传统工夫论述关于"本末""先后"的议题,大抵以修养的方法学的形态重新出现在当代中国哲学的工夫论里面。从胡适相对宽泛的人生哲学,到冯友兰引申意义的"所以为善"的方法论,到后来牟宗三以康德道德哲学为参照点界定的方法学,劳思光所谓的"自我转化",

---

㉞ 劳思光:《中国哲学研究之检讨及建议》,收入刘国英编:《虚境与希望——论当代哲学与文化》(香港:中文大学出版社,2003),页18—19。

其理论的精致程度固然前后有差,而论愈精微;纯自问题意识上出发,这些论述一贯地都是关心伦理主体的修养方法问题,姑且用康德式的问法,便是伦理主体的实践如何可能? 其所以可能的根据和条件为何? 即使不用康德哲学的理论框架,不背上先验论的包袱,单纯从一般的伦理学理论发问,工夫修养、伦理实践的根据和条件,实践的模式,这些都是合理而且有必要的追问。诠释学特别是如伽达默尔所宣称作为"实践哲学"那般,"它是一种反思,并且是对人类生活形式必须是什么的反思"⑤,则必须追问德性工夫的实践以及由实践要求而来的实践理论的合理性,在这一点上,工夫论和诠释学皆指向了相同的问题。只是诠释学的发问更关心修养主体的历史性和传统的教化作用,这些面向无需外加于中国传统的工夫论述,早已是内在其中的本有的面向。

2. 存有论

借用牟宗三的概念来说,中国儒、释、道的传统对存有的说明,皆同时肯定主体性和实践、事物的意义,或者说境界必依于主体的观看,而主体的观看又因其工夫修养而变化,因此,工夫不但影响着伦理主体的存在,更连带地影响着伦理主体所参与的人文历史世界的意义,所以工夫论不但涉及主体修养,也关系到对存有的说明。显然,诠释学在存有论转向之后,讨论也延伸到整个存在的领域,事物的存在意义乃透过人的理解而显露,存在意义非一成不变,依于人的历史存在的诠释学结构而不断开显,传统、语言必然在当中发挥着作用。哲学诠释学不仅关注进行诠释的诠释者,也关注到诠释者自身、参与对话的各方、所身处的社会和历史环境之间的交互作用,即不同文本之间的"视域交融"(fusion of horizon)。由此观之,哲学诠释学可以提供不同的切入点去重新思考传统工夫论述中的存在问题,观察论述工夫者、所论述文本、参与对话各方的存有论性格,更多地留意个人工夫体验和传统经、论,乃至各种文化实践的关系。其次,诠释学所关注的语言中介性格问题,也直接关系到工夫论述所使用的

---

⑤ 汉斯-格奥尔格·伽达默尔著,洪汉鼎译:《诠释学Ⅰ、Ⅱ:真理与方法(修订译本)》(北京:商务印书馆,2007),卷 2,页 27—28,Ⅱ22—23。

语言,各种丰富的修辞(如譬喻、象征)一方面是说话、写作的技艺,另一方面也是一种足以引导、改变其他存在的特殊存在。

3. 理论与实践的关系

传统的工夫论述除了实践的层面,也具有理论的层面,体现在对工夫主张、程序的系统解释和批判上,随之而来便有理论与实践的关系问题。恰好哲学诠释学其中一个核心问题便是理论与应用的关系问题,因此在这个问题上,诠释学和工夫论直接相关。林维杰对工夫论里面的理论与实践问题已有相当清晰的阐述,有助说明其中的分际,其思路如下:首先,林维杰引用李明辉对儒家实践问题的看法,参照康德的概念区分,"实践"概念有两个面向:"理论的实践"和"主体的实践","理论的实践"是相对理论而言的实践,亦即理论的应用;"主体的实践"是依于自由意志自我立法自我遵守的表现。其次,由主体实践必然需要开出"主体实践理论"(此处林维杰未有特别解释为何重视主体实践必然会从讲学、著述中需要一种"主体实践理论"的建构)与"主体实践理论之实践"。再者,主体实践理论的视域不只是其道德实践理论自身,也涉及语言写就之经典或文本内容中的理论,这便带入了对相关经典内容的诠解与应用的一面。因此,"广义的实践"包括了狭义的"主体的实践",也包括了"理论的实践",而"理论的实践"不仅限"道德理论的实践",也指向"诠释学理论的实践"(对经典内容的解释和应用)和"一般理论实践"(以经典的内容来修习涵养)。由此理解的"理论与实践"关系便有三层:道德理论与道德实践、诠释学理论与诠释学实践、一般理论和一般理论实践[36]。在这些三层区分之下,便可以厘清在不同层次之中理论与实践的"先后"和"相即"关系。林先生的区分虽然是针对儒学、朱子而立,却也未尝不适用于佛家、道家和道教的工夫论。

4. 语言修辞

承上一节所论,传统工夫论述不仅会运用不同的修辞手法论述工夫,而且对于其手法的运用也有后设的解释和反省;当代哲学的工夫论虽然论述手法相对单调,并收缩成分析性的语言和逻辑推演,但

---

[36] 林维杰:《朱熹与经典诠释》,页 256—257,266—272。

工夫论所使用的哲学语言本身和不同修辞手法的后设理论仍属于工夫论的议题。于此,劳思光对哲学语言的省思和郑宗义两层诠释系统的构想虽然不是专对工夫论而发,却仍是对中国哲学的引导性或实践关怀的反省,正可借以切入工夫论的修辞问题。劳先生后期思想尤重视哲学语言的功能问题,主张哲学语言除了有"认知功能",原应也有一种"引导功能"(orientative function)。值得留意一点:虽然劳先生在道德理论的层面始终不接受形而上学的语言,认为这些语言不提供任何知识;但在实践层面却肯定教化语言和形上学语言的引导功能,能够兴教成化㊲。郑宗义顺着劳思光对中国哲学的方法论反省,提出两层诠释系统论述的初步方略,以继承、发挥传统学问转化生命的功能:第一层为"诠释系统内部的论述",其底子虽仍是思辨分解的,但在表述上却尽力吸纳种种体会语、训诫语、指点语以及那些近乎诗化的语言表述;第二层为"诠释系统外部的论述",属于以后设反省的论述,以概念分解、逻辑推理进行。两层的结合既可满足客观理论的要求,也可延续传统学问的引导功能㊳。

当代诠释学的发展与修辞学(rhetorics)的当代复兴有密切关系,关于两者同源互惠的讨论亦足资发展当代工夫论的参考。伽达默尔《修辞学和诠释学》(1976)的讲论引起了广泛的讨论,文中认为修辞学和诠释学同源出于人固有的语言能力,技艺层上的阅读和修辞都指向消除差异而取得理解的共识;修辞学和诠释学的原理可共享互惠,两者同为人文科学的根基,适合于实践和引导实践的合理性㊴。若以一门"意义理论"(theory of meaning)和"传达理论"(theory of communication)定性诠释学,则修辞的能力、技艺、原理当然就是诠释学内嵌的一个侧面,一场成功的沟通不能缺乏良好的表达和理解之间的互动。传统的工夫论述出于实践的要求,不仅旨在传递合理的修行主张和有效的方法,成功的"教"若要"化"人,必须同时有效地

㊲ 参考劳思光:《由儒学立场看人之尊严》,《思辩录——思光近作集》,页137—156。

㊳ 详见郑宗义:《论二十世纪中国学人对于"中国哲学"的探索与定位》,《儒学、哲学与现代世界》(石家庄:河北人民出版社,2010),页23—25。

㊴ 汉斯-格奥尔格·伽达默尔著,洪汉鼎译:《诠释学Ⅰ、Ⅱ:真理与方法(修订译本)》,卷2,页331—350,Ⅱ 276—291。

"说服"对方，于巧妙的因缘时节对症下药，才能使人心悦诚服。禅宗的工夫论，对于其教法的表达手法固然有精彩的解释和省思，其实何止禅宗，大凡善于接引后学的儒者也有许多"手势"以至于一定程度的方法自觉。过往学人主要从经典诠释的角度反省修辞的运用[40]，今后若能聚焦到传统工夫论述和当代工夫论上面，可以合理地预期必有丰盛的收获，因为工夫论述的领域正是修辞盛放的丰沃之地。

四、结 论

本文透过工夫论的问题化，分析工夫论里面的各种要素，继而讨论这些工夫论要素与诠释学的可能关系，以标示工夫论的诠释学面向。结论概括如下：（一）绝大部分工夫都具有诠释的面向，有些工夫直接地就是诠释活动；（二）诠释学在后设理论的层面能够覆盖整个工夫论的范围；（三）诠释学的意识和西方诠释学的成果能够有益于工夫论里面的修养方法学、存有论、思辨与实践的关系和语言修辞这几个议题的讨论，能够透过比较对话深化对已有内容的理解，强调过往相对忽略之处，和推进理论发展。本文对于"诠释学参照下的工夫论建构"只是做了初步的、形式的、纲领的讨论，若要进一步总结、统合和评价学界已有成果，仍待个案式的深入探讨。

---

⑩ 参看张鼎国：《经典诠释与修辞学传统：一个西方诠释学争论的意义探讨》，收入李明辉编：《儒家经典诠释方法》，页85—113；林维杰：《象征与譬喻：儒家经典诠释的两条进路》，《"中央大学"人民学报》第34期（2008年4月），页1—32。

天台佛教哲学专题研讨会纪要

杨昌杰*

2023 年 12 月 18 日下午，"天台佛教哲学专题研讨会"在香港中文大学冯景禧楼成功举办。此次研讨会由香港中文大学哲学系中国哲学与文化研究中心和香港中文大学人间佛教研究中心合办，邀请了芝加哥大学中国宗教、哲学、比较思想伊利亚德讲座教授任博克（Brook Ziporyn）和北京大学哲学系李四龙教授作专题报告。香港中文大学哲学系姚治华教授和香港珠海学院佛学研究中心赵锭华教授为与谈人。研讨会由香港中文大学人间佛教研究中心陈剑锽教授主持。

任博克教授的报告题目为"佛界之思议境与不思议境：庄周梦蝶之三千一念含义"。任教授的报告围绕佛之知见展开。佛之知见即佛之所知所见，而佛所经验的世界即是"佛界"。任教授引湛然《金刚錍》指出，佛于佛界中见一切法皆是佛法，众生即是佛，故众生之外无佛。然而有我执之众生则只见众生不见佛。如此，则佛法外无别众生法，所以众生一切法即是佛法，但是同时，众生法外无别佛法，所以佛一切法即是众生法。"佛法"必须包含这层含义。由此便引出佛法为何的问题。任教授进而引智者大师《摩诃止观》，表明佛法即是无前无后，无复际畔之法。对此，任教授从三谛论和修行两个方面来阐释。

从三谛论来说，诸法因为空无自性，非内非外非在中间，无内无外无中间；因为诸法假，故一一内容成立而常具；因为诸法中，故内外绝待。换言之，内同时也是内外，外同时也是内外，佛即众生，众生即佛。两个法之间既不能有内外之别，同时也不是同一的，此中有彼，故而说"无际畔"，此处际畔并非指还是有模糊的边界，而是没有边界，但同时也不是同一，因为空即假，非仅空外无假，也假外无空，故

---

* 香港中文大学哲学系博士生。（电邮：changjie@link.cuhk.edu.hk）

"无际畔"必须解读为意味着各个差异法无有边界而遍一切处。因此，任何一法都是整个法界的异名。

从观心的修行来说，在观一念心时，诸法全部同时在场，一时显现，而意识到的内容无前无后，同居一念之中，故而无际畔。在此一念中，没有主客之相待。分别一念中不同部位的不同内容之间的际畔，并不是本念所念，而只能是后念观此一念而分别的。再者，即使在此念中三千法并不是明晰地全部显现，但由于显现此三千法的前后念也同时在此刻一念中显现——否则便不能意识到此念为当今——故三千法也只是以前念后念的形式显现在当今之一念中。同理，也正是在没有主客相待的整全一念中，方才可能有主客的分立，否则若主客分属不同念头，则主体无法把握到客体。

进而，任教授又从"三假"的角度来分析为何假法非内非外，无有际畔。三种假法即："因成假"，譬如冰与水等整体与和合构成部分之间的关系；"相续假"，譬如薪灭而火起的前后关系；"相待假"，即如"长短""高下"等对比而成的关系。此三假互具互摄，即任一假法同时具备三种假，且三假之中任意一个都同时是另外两种假。就因成假而言，柱子由四极微相构成，但四极微相并非柱子相，亦非不在柱子中，故二者非内非外；就相续假而言，前念先于后念，但前念若断亦无后念，故二者非内非外；就相待假而言，长与短并非同一者，但若缺一则无长短之别，故二者非内非外。此种具备三假的非内非外关系的典例即维特根斯坦的"兔鸭"，若全宇宙中的兔都是鸭兔，所有的鸭都是兔鸭，则一切兔与鸭即是非内非外，兔性与鸭性相即。同理，止即是观，观即是止。同理，色心亦如此。正如唯识论者世亲大师说，用作认识之识即"分别识"，用作对象之识即"似尘识"，二者皆是识之内在的区分与转化，智者大师就因此更进一步提出了天台宗独特而惊人的"唯色说"：按照世亲上述逻辑，则亦可说有"分别色"（即所谓识）与"无分别色"（即我们一般所指的色法），也都是色之内在的区分与转化。识即是全法界，色也是全法界。因此，离色无心，离心无色，色心无二而常二，无色无心，亦色亦心，唯色唯心。一切法皆然。

在澄清三假之后，任教授复以之解释佛界。对于思议境之佛界，任教授引《摩诃止观》中"谁善谁恶，谁有谁无，谁度谁不度，一切法皆如是,是佛因果法"一句,点明佛之知见即于一念中,三千法皆包藏在内,在摈弃主客之别后,主与客即交融如兔鸭,从而不执谁是主,谁是客。由此,佛界之存在也是相待于魔界的,故而佛界魔界相即。正如上述三假非内非外而亦内亦外的关系。此种境界之所以仍是思议境,乃因只有佛一人在经历"谁佛谁不佛"的境界。而对于不思议境,乃为使众生同样进入"谁是谁不是"之境,要求直观而不必透过理论上的辩证去体会,因为一念心与一切法本就是非内非外的。例如生住异灭之物迁的关系,相在物前或物后则物都不迁,故相与物非前非后,物之迁即是八相之迁物,反之亦然。心与法亦如是。

最后,任教授指出,用鸭兔之喻虽然可以说明这种关系,但尚不够直观。在梦喻中,梦者之一念为一,所梦之三千事为多,指梦事为梦者之一念,方才是一念即一切法,一切法即一念,进而到第三个阶段,否定梦者及所梦之事的分立,才有"非一非一切"的境界,两者不可定知并可互相转化。这正对应于庄子的"滑疑之耀"。在庄周梦蝶时,首先梦者的一念化作百万事,即指一为多,进而梦觉之后了知梦中的诸事皆一念心,即指多为一,进而在不知蝶梦庄周或庄周梦蝶的阶段中,则不知是主体的一念心化作蝴蝶还是反过来,此即非一非一切。庄周与蝶互为本末,互换两边,不可能住于一边。不二而常二,常二而不二。这种转换的情况即如莫比乌斯环(Möbius Strip)。也就是天台思想里的"无住本"的含义,法性与无明相待而成立,故有彼此而常二,正如莫比乌斯环任何一处必定有两边。因为相待而非内非外,故也相即而不二,正如莫比乌斯环两边毕竟只是自身转换的一边。如此即是湛然大师所说"更互相依,更互相即,以体同故,依而复即"的道理。

任教授主要是对天台不思议境的哲学义理进行阐发,李四龙教授的报告则围绕此说涵摄的佛教伦理中国化展开,解读佛陀与众生的关系。他的题目是"互具与感应:天台宗'不思议境'新解"。

李教授首先从三个维度解释了"不可思议"的含义。首先,李教授引湛然《止观》中的定义,明确不思议即是"非思量分别之所能解"。对此,第一种最常见最直接的理解方式即"不次第",消解各种时间顺序,此即一心三观。从假入空观、二谛观,从空入假观、平等观,再到中道第一义谛观、二空观,此三观为渐次进行,但一心三观则要求同时性。第二种理解不思议的方式则将其解为"不可得"。李教授复引天台宗的梦喻,说明虽然一念能生三千法,但同时三千法亦不可得。李教授指出,不可得的真意即是非纵非横,即消解各种空间顺序,当事物丧失空间的坐标,即是不可得。第三种理解的方式则是"一切不可思议",即"遍历一切,皆是不可思议境"。天台所说"一心一切心",即言假,一心生起一切法;"一切心一心"即言空,一切事物皆无自性,皆由一心生起;"非一非一切"即言中,诸法既非一心,也非多法。按照这种思路,五蕴、十二入、众生世界、国土世界、十如是等一切皆是如此,故曰一切不可思议。换言之,佛之知见遍历一切,如实观照一切事物,而凡夫无法做到这一点,故为不可思议。

进而,李教授指出一念三千有两种构造的方法。第一种方法是百界千如×三世间,这是《法华玄义》所指的方法,第二种方法是百法界×三十世间,这是《摩诃止观》所指的方法。两种方法的差异即是十如是的位置。依据第一种构成法,一念心不仅能生起有情的众生世间,还能生起有情的五蕴世间与作为依报的国土世间,虽然凡夫往往并不能看到十界互具,但互具的十界及其十如是冥伏在心。依据第二种方法,众生世间并未直接连接十如是。三千法在一念心,若无心则三千法不可得,因此心与法无前无后。李教授指出,第一种方法更强调实相本体的地位以及如何认识实相本体,第二种方法则更强调观心,即凡圣之交感,从而众生与佛的关系便十分重要。

在区分两种三千法的构造方法之后,李教授基于对第二种方法的讨论,开始阐释众生机感与感应道交。李教授指出,自天台之后,佛教用中国本土的感应论结合印度的概念创造出独属于佛教的感应理论。中国本土的感应论,不论是道家还是儒家,都是以气为本体。例如《周易》咸卦即言"二气感应以相与""圣人感人心而天下和平"。此处即有两种感应出现,一是自然的感应,二是人世的感应。儒家则更强调后者。此中感应的主体是圣人,故传统的儒家政治理想中,明君要求道德无瑕。而道家中的感应则是"感而后应",在这种思想之下,人只能因循天理而行动。而对于佛教,感应在印度原本只是一种圣者对凡夫而有的单向神通,但在中国则变成了佛弟子与佛菩萨之间的双向交流。由此，佛教中感应的主体是众生，当众生修行至一定境界，则可与佛菩萨感应，此谓圆机妙应。这种感应同样也是不可思议。在这种感应观的基础上，智者大师提出了四种机应关系，即冥机冥应、冥机显应、显机显应、显机冥应。在此，智者大师着重强调了佛与众生之间的交互关系。

在任博克和李四龙两位教授的报告完成之后，香港中文大学哲学系姚治华教授首先针对任教授的报告题目，从中观的角度发表自己的理解并提出相关的问题。就任教授对三假的阐发，姚教授首先指出，这与《般若经》中的"法假""受假""名假"不同，且假或施设是佛教各个部派都有的概念，而天台的三假则来自《成实论》。其中，因成假很接近于说一切有部"假必依实"的观念，相续假则接近于犊子部对补特伽罗的理解，即"依托施设"，相待假则接近中观的理解。原本这三种假的观念在各部派之间多有争论，而在天台宗里则圆融无碍。由此，姚教授提出，若从中观来看，空假中其实并非三谛，而只是一谛。对天台而言，以三谛的框架去理解一切法的时候，例如"非一非一切"的中谛，其实是中观派常用的四句否定中的最后一句，然而对于中观派来说，四句分别只是否定而无肯定的要素。对此，姚教授提出了两个问题，首先，就"非一非一切"这种肯定式的解读是否符合天台自身的意趣；其次，这种基于否定的肯定是否会导致价值悖论，即善恶边界的消逝，则是否天台宗会接受这种价值悖论。

其后，香港珠海学院佛学研究中心赵锭华教授进行与谈。首先，赵锭华教授总结了李四龙教授报告的主要内容，并补充了一些天台宗的相关背景知识。他进而指出，智者大师提出的一念三千的确与之前的中观思想不同，智者大师必须借助《华严经》的圆教思想方才能疏通其一念三千。而在讲一念三千的不可得时，除了华严的要素，其中还有中观应承破斥的精神，所谓一念三千并非一念具三千，也非三千具一念，故而说非一非一切。接着，针对姚治华教授所提出的价值悖论问题，赵教授指出，这种悖论可以通过分层来化解，同样在天台宗中也是通过判教的方式来消解伦理上的悖论，即不同层次的说法中的伦理价值也会有不同。

针对姚治华教授提出的问题，任博克教授指出，天台宗的三假观念的确能够在《成实论》等文献中找到类似的出处，但也并非完全一致，故从天台宗的思想内部去理解或许更直观。他进而澄清了三假之间的关系，指出"非一非一切"本身就是契合中道的用法，所谓中道即不着两边的中间，故说"非一非一切"，此两边可以相互转换，亦即绝待，绝待即是中。同理，按照这种思路，说三千法不可得就是在说可以得其否定的一面，故亦可说不可舍。中道即是不可得不可舍。也正是由此中道才有一即一切的转换。至于价值悖论的问题，从究竟的角度来说，魔界只是佛的异名而已，二者虽然在修行的过程中仍有差异，但究竟来说，不着两边，可以说是"谁修谁不修"，并无常住的佛魔之别。

接着，李四龙教授也对善恶的问题提出自己的看法，他认为善恶的行为本身并无善恶之分，例如看到坏人行恶，出手制止则是善，而若对好人动武，则是恶。对于佛来说，同样必须要了解恶人，方才有可能度化恶人，当然对佛陀而言，这一切都是一目了然，否则，佛陀就与其余九界的众生脱离。这也是为何需要强调互具。对于众生而言，佛魔之性同时具备，即性具善恶，故修行中即要求观察自身之佛性。具体到实践中，即首先要求观察自身烦恼，若自觉无烦恼，则观自身执着之病，若无，则再看自身有多少着魔之迷，如此则退无可退，然后再通过修行来逐渐向上。故而魔对于凡夫修行而言仍是必要的。进而，在互具的十界中，众生都是平等的，而在感应中，众生则有位次，唯有修行到一定位阶，方才能有感应。

在场的三十几位听众以及线上的近二百位观众也针对相关内容提出了多样的问题，主讲的任博克教授及李四龙教授一一作答。主持人陈剑锽教授最后总结：现前一念在现前进行，三千内容的前念后念的意识不外于此一念。从因成假、相续假、相待假，一步步地来陈述一念三千的实相观。从修持的立场来说，相待止观与绝待止观，也可循序渐进地来陈述。另外，因为凡夫没有"法空慧"，看穿恶的"假法"只是一种因缘和合的假象，所以凡夫的世界是善、恶对立；然对圣者而言，能超越善恶并在善恶中展开圆融的救度。"十法界"互具之说对修行人极具意义，它呈现了对于任何存有者的当下存在处境，在其一念心动之当下，他的生命即已趣向了不同法界的境界，因此这一个升降的进程就永不止息。天台"感应说"所以呈现出一套缜密的体系,足以说明智者大师认为凡圣感应的关系并不十分单纯,而是无限缘起条件下所呈现的多重复杂网路脉络。天台的教说在三系(三传)北传、藏传、南传等教义来看,可以说是最为精致,足以放在世界各宗教、哲理的水平来予以衡定。

中国哲学的实践关怀

郑宗义

　　除了概念思辨,哲学本有实践一面。已故法国的哲学史研究名家哈都(Pierre Hadot, 1922—2012)在《什么是古代哲学?》(*What is Ancient Philosophy?* Michael Chase 的英译)中提出哲学的古义有既不可相互化约亦不可相互分离的两面:一是作为哲学话语的哲学(philosophy as a philosophical discourse),一是作为生活之道的哲学(philosophy as a way of life)。哈都探本溯源的提醒,其实正是因为现代西方哲学经过知识论转向(epistemological turn)后可谓是全面向理论倾斜,把实践抛诸脑后。即便是(在后设伦理学中)探究与道德实践密切关联的动力问题(the problem of moral motivation),哲学家关心的仍是如何给予道德动力一个理论说明,却对实践时动力是否足够不感兴趣。对他们而言,知而不行是常事。此处如想作进一步研究,则关注点不应是如何使动力变得充沛,而是应将动力不足即知而不行确认成另一有待解释的理论问题,即意志软弱(weakness of will)。这样一来,实践的实践性(practicality)便在化归为纯粹理论的"哲学"中消失得无影无踪。换言之,现代哲学对个人的真实人生践履是无话可说的,而剩下的所谓实践哲学,就不过是对集体的社会议题如堕胎、安乐死、人工智能和生物医学等的伦理思考。不过哲学的"实践"在个人的人生方面成为虚的,真能在集体的社会方面成为实的?哲学于当今世界的声名与影响力江河日下,也许已部分回答了上面的疑问。至于西方仍有少数有识之士试图力挽狂澜,努力恢复哲学的实践性格,这里便不能多说。回到中国哲学,传统上实践是其本怀,理论探究是其工夫,以义理可以养心之故;舍实践而炫理论,则被讥为学不见道,枉费精神。但自 20 世纪初以降,传统思想受现代文化冲击,乃得参照西方哲学发展成哲学学科,此于理论方面益趋精微固是不争的事实,但也自始即有脱略实践的疑虑。可以说,20 世纪从事中国哲学而有所成就的学人,莫不曾用心于消弭理论与实践分离的张力。

　　本辑主题是中国哲学的实践关怀,包括四篇主题论文及一篇专论。林月惠的文章聚焦于黄梨洲《明儒学案发凡》强调的"宗旨":"大凡学有宗旨,是其人之得力处,亦是学者之入门处。"林文先是分析"宗旨"一词的丰富含义,进而申论当中包涵两重理论建构,即"本体论与工夫论的相互建构"以及"宗旨与经典诠释的相互建构",再以自王阳明"致良知"至刘蕺山"慎独"的一段思想发展为例示。文章不仅对"宗旨"作了既全面且仔细的阐释,更重要的是,受"宗旨"启发而想到对实践工夫作哲学理论建构的可能。假若宗旨可以依据本体、工夫与经典诠释三面的融贯合一作客观论述与评价,则当代建构中国哲学工夫论亦然。由是,林文提出工夫论的哲学建构必须:一、本乎传统实践关怀的工夫进路而非假途诸如实用主义的西方理论。二、紧扣本体论与工夫论立说,亦即正视其中形上学或存有论的向度。三、开展经典诠释的诠释学面向。无疑,文章从宗旨入手的思路新颖,但仍有可补充与商量之处。例如,传统的工夫论述不正是将实践者的个人体验作客观问题来探讨(作者所谓的第一序工夫),这与当代的工夫论哲学建构(作者所谓的第二序工夫),在本质上有何不同?又实践工夫的哲学建构就算成功,使工夫论取得哲学理论的身份,这是否仍有将实践约化为理论之虞? 抑或是真能恢复理论与实践的相辅相成?

　　梁奋程的文章以梁漱溟的乡村建设为案例来研究儒家的社会实践。文章分成三个论述部分。首先,引介现代学者 Daron Acemoglu 与 James A. Robinson 从国家与社会相互比力的角度解读的中国历史,以显示梁漱溟或有迥然不同的看法。依据 A ＆ R(作者使用的简称)的理解,中国历史上国家与社会的力量争衡是由于皇权在儒家与法家之间的摇摆所致。当皇权偏向儒家时,国家管制力较宽松而使社会自主力较强大,但当偏向法家时,则此消彼长。作者认为梁漱溟应不会同意这样的观点,因为在梁看来,过往"中国不象国家,而只是一个社会,是一个文化体",所以维持社会秩序主要有赖于礼俗教化。接着,作者进而申论,梁漱溟基本上是以新礼俗的建立来解决政治的正当性问题。最后,对于礼俗的功能,传统的说法是建立基层统治与移风易俗,作者则援引沈恩(Amartya Sen)的能力取径(capability approach)与 David A. Crocker 对其中核心概念(如能动者、福祉、成就、自由、功能配置、能力组合等)的分析,重新将礼俗功能视为对浸润于其中的个人的赋能(empowerment)。虽然作者承认这是初步尝试,未算周延全面,但努力探索新解还是值得肯定。不过,某些论断似乎缺乏有力的文本证据,例如以为梁漱溟把政治正当性安放于建立新礼俗上,却未见引用梁的片言只字作证。

实践不必定是严肃和艰苦的,彭国翔的文章以爱情中的唐君毅为题就教人耳目一新。彭文主要根据《致廷光书》内唐君毅婚前写给谢廷光的数十封书信来剖析"爱情中的唐君毅"。作者开宗明义表示"爱情中的唐君毅"与"唐君毅的爱情观"不同,后者只考察唐对爱情的看法,而前者则包唐:如何理解与处理爱情及男女关系;如何向情人吐露肺肝,分享自己(从学术与人格两面)对自我的反省和定位、对社会事业和理想的看法、对人和人类社会乃至人生目的何在的思考以及对于哲学的理解。但正如作者提醒,因唐心智早熟,情书中呈现的观点与他后来的思想,只有问题侧重和表述方式的不同,"但在根本的旨趣与格调上,却又可以说是无分轩轾的"。若然,读者或生疑问,那在爱情中与不在爱情中的唐君毅有何不同?答案恐怕还是得回到爱情本身。彭文在论述后做的评断或许太温柔敦厚了,读者不妨换一个活泼点的视角,细细品味书信中刚过而立之年的哲学家是如何谈恋爱的、他的哲学与感情是如何双向成就的。你大概想象不到毅兄为向光妹索取一张照片而在信中写道:"身体不过衣服,精神才是真正的身体。(因为身体即精神之表现,所以身体也很重要,也当爱,所以我当注意我身体的健康。我望你寄一像与我,因那即是你精神之表现,这亦不矛盾。不过要为精神而爱身体才有高的价值。)"

吕政倚的文章把读者的目光从明代与当代中国的儒者带到18、19 世纪朝鲜的朱子学者。吕文仔细梳理了韩儒李震相与弟子郭钟锡对"未发时气质之性有无"的辩论,而这论辩主题却早启于一个世纪前韩元震与李柬的"湖洛论争"。文章先交代论辩缘起,此即李震相主张未发时只有本然之性,已发方有气质之性,而郭钟锡则主张未发时除本然之性外,亦有气质之性("未发之前浑然一理,而初非无气,则就其中单指理而曰'本然之性',兼指气而曰'气质之性',有何不可?"),且更分别未发(气质所贮)与已发(气质所变)的气质之性。文章继而析论双方环绕着气质之性、本然之性及未发三个关键概念的不同理解所展开的往复辩难。吕文写得既详且长,但读者如能用心细阅,当不难察觉这些看似纯属理论思辨(亦即如何诠释朱子学)的文字,背后实皆有道德善恶的实践关怀在焉。而此正呼应林月惠文章的主张,即儒者论述是可以依据本体、工夫与经典诠释三面的融贯合一作客观论述与评价的。

此外,专论有邓康宏《诠释学参照下的工夫论建构》一文,这其实正好为本辑主题画上一完整句号。邓文先是建立一个区别传统与当代工夫论的理论框架,即以实践导向的"工夫论述"指涉传统儒者对工夫的讨论,而以哲学导向的"工夫论"指涉当代学者对工夫论的哲学建构,并从效用目的、论述者、论述内容及论述手法四方面论证必须划分两者。对于"工夫论",文章继而考察了诠释学在工夫论中的应用,并逐一分析当中所涉及的四个议题:伦理主体的方法学、存有论、理论与实践的关系及语言修辞。文末作者自陈此文"只是做了初步的、形式的、纲领的讨论,若要进一步总结、统合和评价学界已有成果,仍待个案式的深入探讨",那就让我们拭目以待。

最后,"会议录"有杨昌杰记录的《天台佛教哲学专题研讨会纪要》,扼要综述了该次研讨会(2023 年 12 月 18 日下午假香港中文大学举行)中芝加哥大学任博克(Brook Ziporyn)与北京大学李四龙所作有关天台佛教哲学的专题报告,以及中文大学姚治华与珠海学院赵锭华的回应提问。爱好中国佛教哲学的读者,不容错过。

2024 年 12 月 5 日

《中国哲学与文化》稿约

1. 《中国哲学与文化》为一双语专业学术出版物,主要发表有关中国哲学及相关主题的高水准学术论文,并设"观潮屿""学贤榜""学思录""新叶林""回音谷"等专栏。欢迎个人投稿以及专家介绍的优秀稿件。

2. 来稿以中(简、繁体)、英文撰写皆可。论文以 10,000 至 25,000 字为合,特约稿件例外。

3. 除经编辑部特别同意外,不接受任何已发表的稿件,不接受一稿两投。所有来稿或样书,恕不奉退。

4. 论文请附:中英文篇名、250 字以内之中英文提要、中英文关键词 5 至 7 个、作者中英文姓名、职衔、服务单位、电邮地址、通讯地址、电话及传真号码(简评无须提要和关键词)。

5. 来稿请寄:
   香港　新界　沙田
   香港中文大学哲学系
   冯景禧楼 G26B 室
   中国哲学与文化研究中心
   rccpc@ cuhk.edu.hk

6. 本刊已许可中国知网及万方数据库以数字化方式复制、汇编、发行、信息网络传播本刊全文。所有署名作者向本刊提交文章发表之行为视为同意上述声明。如有异议,请在投稿时说明,本刊将按作者说明处理。

7. 投稿详情,请浏览本中心之网页(http://phil.arts.cuhk.edu.hk/rccpc/html_b5/05.htm)。

图书在版编目（CIP）数据

中国哲学与文化. 第二十二辑，中国哲学的实践关怀 ／
郑宗义主编. -- 上海：上海古籍出版社，2025. 5.
ISBN 978-7-5732-1634-2

Ⅰ. G02；B2

中国国家版本馆 CIP 数据核字第 2025XM7497 号

中国哲学与文化（第二十二辑）

中国哲学的实践关怀

郑宗义　主编

上海古籍出版社出版发行

（上海市闵行区号景路 159 弄 1-5 号 A 座 5F　邮政编码 201101）

（1）网址：www.guji.com.cn

（2）E-mail：guji1@guji.com.cn

（3）易文网网址：www.ewen.co

上海商务联西印刷有限公司印刷

开本 635×965　1/16　印张 11.75　插页 2　字数 169,000

2025 年 5 月第 1 版　2025 年 5 月第 1 次印刷

印数：1—850

ISBN 978-7-5732-1634-2

B·1459　定价：65.00 元

如有质量问题，请与承印公司联系